母乳指導の誤算

熊田洋子［著］

青簡舎

はじめに

大きなお腹を抱え、木々の葉を揺らす風のそよぎや道端の草花を愛でながら、独りゆっくり歩を進めている女性は、初めてのお産でしょうか。表情には、出産や育児の不安よりも母になる歓びや期待感が滲んでいます。経産婦さんになると、家で待っている家族がいるのか、それともこなさなければならない仕事があるのか、歩調がいくぶん早いように感じられます。心なしか表情が硬いのは、産後には子を抱きしめる歓びだけでなく、育児の苦労も待っていることを充分に分かっているからでしょう。

そう遠くない日に出産を控えているこの時期、初産婦はもちろんのこと、経産婦もまた母親となるプレッシャーに心を震わせます。そしてこの子のために良い母となろう、いかなる辛さも我慢しようと誓うのです。いつの時代も国や地域も関係なく、どの母親も、こうした思いを一度といわず抱いたに違いありません。

ところがいざ生まれ数ヶ月も過ぎると、育児負担を少なからず感じ始めます。それでも日本人の母親の場合には、自己犠牲を課したり、理想通りに育児ができないことで自分を責めたりするネガティブな傾向が見られることが分かっています。

二〇一一年三月十一日に起きた東日本大震災のあの悲惨極まりない事態の中で、被災者たちが冷静さを保ち、耐え忍び、それだけでなく悲喜こもごも分かち合っている様子が全世界に報道されるや、外国からは日本人の国民性への賛辞が多く寄せられました。日本人はもともと忍耐強い気質を持っているということが証明されたといえるでしょう。つまり日本の母親たちは、我が子のためならば我慢する国民性をもともと有しているということです。ところが驚くことに、その傾向がさらに強まっているというデータが挙がっているのです。子どものためなら自己犠牲を厭わないという母親の率も、育児負担や子育ての苛つきを感じている母親の率も、約二〇年～三〇年前に比べて増加しています。

育児負担を感じるほどに母親たちを頑張らせるものは、一体何なのでしょうか。直接的、また間接的「母性教育」が母親たちを追い詰めているとしたら、それこそ「誤算」以外の何ものでもありません。そして、それによって生じた「歪《ゆが》み」は、子どもの成育上に何らかの影響を及ぼすことでしょう。

こうしたことを懸念し、二〇一〇年秋に『母性教育の歪み』を出版しました。子ども中心主義に基づく「甘え容認の子育て」を奨励してきた「母性教育」「賢母教育」に、また母性だけでなく教育業界でも、子どもを傷つけないようにと競争や比較を否定した教育に問題があったのではないかと提言しました。

日本では、母親の責務や乳幼児との向き合い方などを説く「賢母教育」が、明治に入ってから盛んに展開されてきました。なぜなら戦前・戦中は国や天皇に我が子を差し出すことを潔しとする、まさに歪められた母性を強いることが、富国強兵のためには必須だったからです。そして戦後の高度経済成長期には、学歴を取得し企業の歯車の一つとして終身雇用できるよう叱咤激励する母が求められました。では今はどうなのかというと、一言で表すならば、「子と密着せよ」という教育です。家庭内暴力や不登校、いじめなどの社会問題に鑑み、母親の愛情をいっぱい受けた子どもはそうした問題行動を起こさないはずという短慮が透けて見えます。暗に乳幼児期の子育て次第と、母親に責任を問うているのです。そして長期母乳の奨励や卒乳（親の側から乳を断つことはせず、子どもから離れるまで授乳を続ける）指導が、「子と長い期間にわたり肌を接触する母親は良い母」という風潮を生んでいます。

前著では、日本社会で問題となっている不登校やひきこもり現象が、狙いに反してこうした母性教育による影響を受けている可能性についても言及しました。また母性感や子育て方法の違いを日韓で比較検討するために実施したアンケート内容や結果が、研究資料の一つとなることを願って詳細に記載しました。

そこで本書では、より多くの方々にこの問題性について知っていただきたく、前著に記した内容を厳選し、例えばアンケート結果についても、特に顕著な日韓差があるデータのみグラフ化するなど、できるだけ分かりやすく解説しました。いうまでもなく日韓の差は、歴史や国民性、さらには教育政策を抜きには語れません。そこで儒教社会韓国で女性たちが蔑視されながらどう生き抜きアイデンティティを確立してきたのか、女性たちの現況、さらには韓国の過熱教育の様子など、新しいデータを入れながら紹介しています。

また長期母乳を良しとする指導が、どのような過程を経て浸透していったのかを再度本書でも確認しつつ、そのことによる歪みがどう表出しているかを具体的な例を挙げ明らかにしました。

ところでこうした母親への圧力が、決して日本だけの現象ではなく世界的な流れとなっていることを、しかも一九八〇年あたりからその変革が起きているということを、今年の三月に翻訳出版された『母性のゆくえ』(春秋社)で、著者エリザベート・バダンテールが指摘しています。バダンテールは、「母乳育児の推奨は、年を追うごとに高圧的で強制的になっている」と厳しい論調で言い放っています。また「母乳を与える時間に加えて、三歳までずっとそばで育てることが子どものよい発達を一番保証するやり方だということは、育児以外のあらゆる関心事は二の次であり、それらを追求するのは道徳的によくない、と言われているようなものだ。つまり、子どもと肌を密着させる時期が終わっても、二人きりの世界を続けるのが理想ということになる」と、母が子を内抱し続ける傾向を引き起こしているのは、育児指導がゆえではないかと示唆しています。一九八〇年前後からの育児指導の変化時期については、筆者もまた注目し、この変化により母親の育児に歪みが出始めていることに憂慮しているところです。

無論、母親を苦悩に追い込もうと思い、育児論を喧伝する人などいません。子や母親、また社会に良かれと思い提言するのです。ところが、「示唆」の域を超え、度が過ぎると、歪んだ風潮を生み、それは母親を追い詰めます。そうした誤算の実態を、しかもそれは決して希有なことではないということを、本書で明らかにしました。

長期母乳育児や母子密着の推奨が始まって、約三〇年が過ぎました。衛生面で問題のない国で、その指導の有益性がどれほどあるのか、強い指導による弊害はどうなのかを検証し、新たな母性教育の起点を刻むきっかけに本書が関われることを、そしてこれらの歪みを是正することが、少子化を防ぐ鍵にもなることを願ってやみません。

二〇一一年　九月

著　者

目次

第一章　不自然な育児で負担を抱える日本の母親たち

母親への育児指導について考えるには、まずどのような子育てをしているのか現況を掴むことが先決と考え、二〇〇九年七月から十月にかけて、一歳半から約二歳までの乳幼児や幼稚園年長児、小学生高学年の子どもを持つ母親を対象とした子育てに関する調査を実施しました。対象を三つに分けたのは、約五年間隔での経年比較を狙ったためです。なお幼稚園・小学生の母親対象調査は、韓国でも、同じ内容で行いました。

そのアンケート結果から、本章では夜中の授乳、抱き寝かせ、抱き癖、育児負担、過保護・過干渉傾向、躾け意識などに絞って解説します。調査方法やより詳しい調査結果、また本章で紹介できなかったものについては、資料に掲載しました。

一　日本の育児現況

一歳半から二歳までのお子さんを持つ日本のお母さんにアンケートをした結果をもとに、今の子育て状況について考えてみましょう。

熟睡よりも夜中の授乳が大事？

ハイハイしたり、立ち歩き始めたりするようになると、運動量が大幅に増加し、疲れで朝まで熟睡するようになるものですが、驚くことに一歳前後で44％、一歳半頃でもまだ29％の子が、夜中に乳を求めていました。

『初めての育児』（ベネッセコーポレーション、二〇一〇年四月）には、四〜五か月で昼夜の区別がつき朝まで眠るようになり、栄養学的にも、生後半年を過ぎると夜中の授乳は不要と説明されています。しかしインターネット上の育児に関するQ＆Aやブログなどでは、数時間おきに目を覚まし、おっぱいをねだる子たちもいて大変だという母親たちの嘆きに、「子どもの精神的安定のため、求められればいつでも与えよ」という内容のアドヴァイスを多く見かけます。

今回の調査で、一歳を過ぎても夜中の授乳を続けてきた人のうち、65％の人が慢性的寝不足を

いつも・しばしば抱き寝かせている率

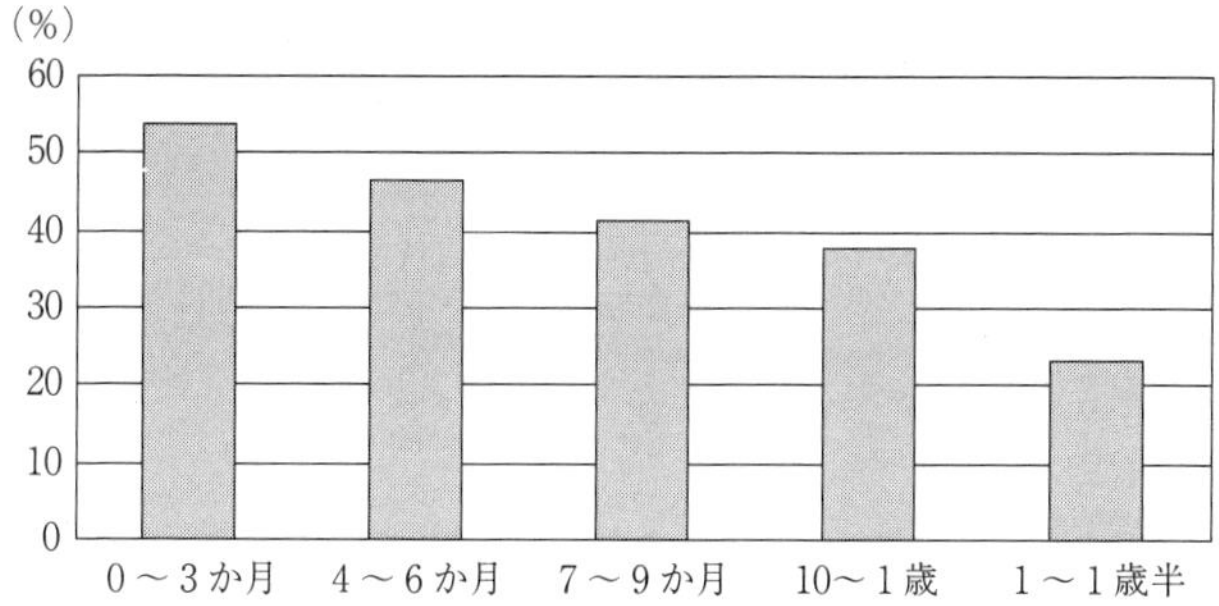

訴えていました。それでも、71％もの人は子どもが求めなくなるまで続けようと思っています。しかしその頑張りが、大切なわが子の熟睡を妨げる負の行為になっていることに気づいてはいないようです。

抱き上げて寝かしつける母親たち

生まれて数か月や夜泣きする赤ちゃんを抱き上げ寝かしつける行為は、ごくごく普通のことです。また「抱き寝かせようが、布団に下ろして寝かしつけようが、どうでもいいことではないか」「何か月までと、区切って判断するようなことではない」「むしろ抱き寝かせるのは、愛情深い子育てと好意的に見るべきではないか」と思われる方もいることでしょう。確かに、ときどき抱き寝かせるというのであれば、わざわざ取り上げるようなことではありません。しかし毎日、毎回、積極的に抱き寝かせている母親たちが、一つの社会現象というほどにいるとしたら、どうでしょうか。

この現象に気づいたのは、二〇〇八年春に、生後四か月から一歳前後の子どもを持つ母親たちと数時間を過ごしたときに目にした一コマからでした。昼寝の時間になるや、全員が子どもを抱き上げ、立って寝かしつけ始めたのです。話を聞いてみると、こうやって抱き揺らして寝かしつけるママ友は、他にもいるといいます。一歳近くなると一〇キロ近い子もいますし、昼寝も夜もとなると結構な重労働です。遊び疲れた子どもは、布団に寝かせ背中をトントンと軽く叩いてやれば、多少泣いたとしてもそのうち寝るもの、そう思っていただけに、この寝かしつけの様子が奇異に映ったのです。

前頁のグラフを見ると、七か月以降でもしばしば抱き寝かせている母親たちが、四割強もいるということが分かります。この月齢になると、離乳食が進み体重も増え八キロ近くになります。さらに重くなる一歳から一歳半でも、二割強のお母さんたちが、いつも抱いて寝かしつけています。

そこで、抱かないと寝ないのですか、という質問をしてみたところ、46％もの人が「そうではない」と言い切っており、また「できるだけ抱き寝かせよう」と思っている人は57％もいました。これらから、抱き寝かせ傾向には、母親の積極的意志が働いていると考えてよいでしょう。

「泣けば抱く」スタンスの母親たち

筆者が出産した頃は、抱き癖を付けないようにと、よくいわれたものです。しかし今は、「抱き癖」についての相談事項をインターネットで検索すると、「抱き癖を気にせず、いっぱい抱いてあげよう」「抱っこし続けて抱き癖がついても問題ない」というアドヴァイスがほとんどです。そのせいか、昨今は住宅地を歩いても、家から漏れてくる赤ちゃんの泣き声をあまり聞かなくなったように感じます。

一方で、「眠るのはいつも腕の中で困っている」「寝入ったと思って布団に寝かせるとすぐに泣き出す」「抱かないと泣くので、チャイルドシートやベビーカーにも乗せられない」「片手で子どもを抱きながら家事をこなすので、腰や腕が痛い」等、悲鳴ともいえる相談もたくさん寄せられています。それに対しては、相対的に「我が家も同じ。頑張ろう！」「抱けるのは今だけと考え、しばし我慢を！」という頑張れコールが目に付きます。しかし中には、「我が子も、やらねばならない家事や仕事をこなしている間中泣き続けていたけれど、そのうち子どもなりに、親にも親の都合があるということがわかってくるようだ。あまり神経質にならないで」「子どもは泣くことが仕事だから」という先輩ママからの助言もありますが、明らかに少数派です。

調査では、「甘え泣き」と分かっていても、泣けばすぐ抱くと答えた人が63％もいました。逆に否定的に答えている人は13％に過ぎませんでした。因みに甘え泣きか、それともお腹がすいた

甘え泣きでも泣けばすぐ抱く

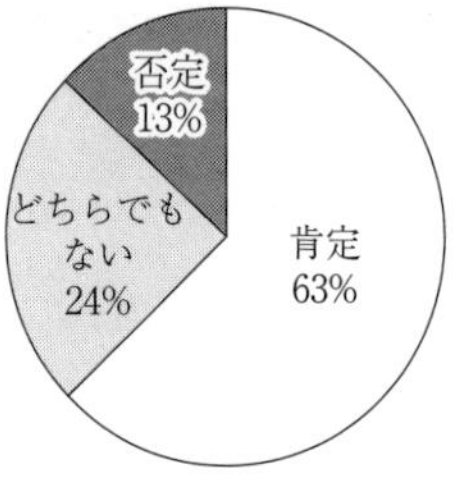

り、オムツが汚れたりした不快感での泣き声か区別がつくと答えた母親は51％でした。

泣けばすぐ抱き上げる理由は何でしょうか。例えば、周りの人からうるさいと思われるのではないかと気になってすぐ抱いてしまう、ということがあるかもしれません。また昨今は、泣かせたままにしていると、虐待しているのではないかと勘違いされることを懸念する向きがあるようです。実際に、『朝日新聞』（二〇一一年七月二十日）のトップ記事で二〇一〇年度の児童虐待件数が初めて五万件を超したが、虐待への関心の高まりで通報が増えたことの影響かと伝えています。

そこで、周囲の目が気になりますか、という質問をしてみました。すると43％の人が「そう」「どちらかというと、そう」と、逆に「そうではない」「どちらかというと、そうではない」と答えた人は34％でした。これは、子どもを泣かせたくないという母親の思いが現れた数値と考えられます。

実際に、抱き癖を気にせず抱くように指導されている割合はどの程度かというと、実に56％の人が、そのようなアドヴァイスを受けていると答えています。まさに筆者が子育てした頃と真逆の風が母親の背中を押しているのです。

子育て以外にも生き甲斐がほしい

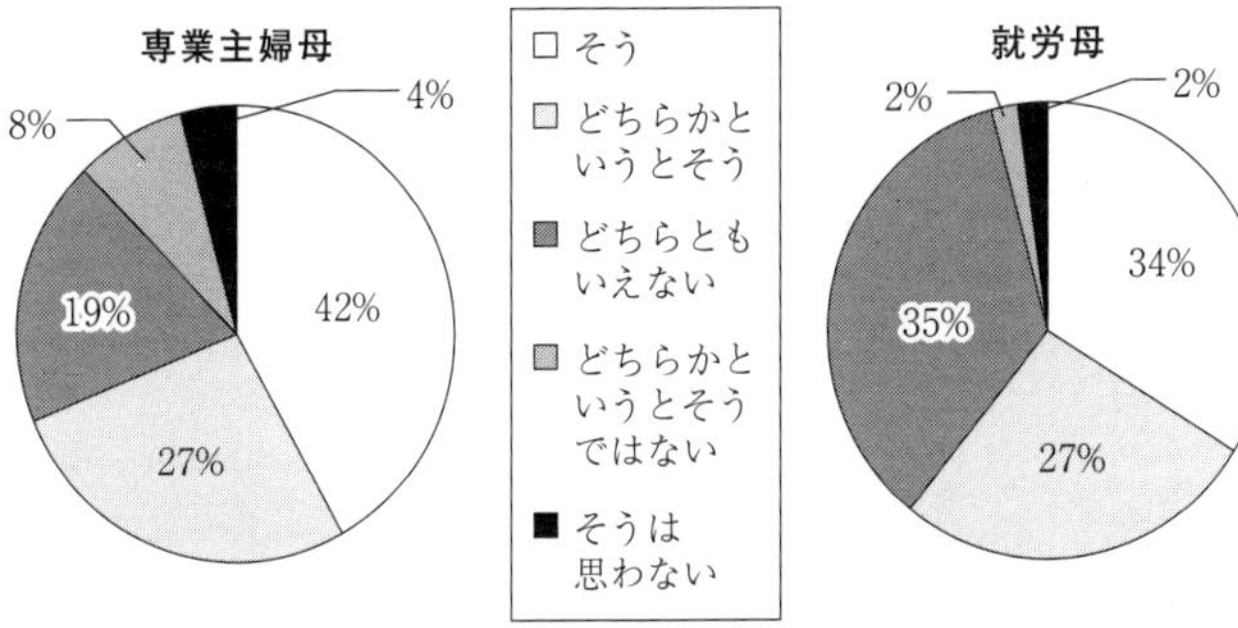

子育て以外にも生き甲斐が欲しい！

子育て以外にも生き甲斐を求めている人は、71％を超えていました。この高い数値に、子どもを別の人格と捉え、自分自身のアイデンティティを確立したいという現代母親の渇望が垣間見えます。

グラフは、専業主婦と就労しながら子育てをしている母親を分けて、この質問の回答を表したものです。子育てに生き甲斐を感じている専業主婦の母親は12％に過ぎず、逆に生き甲斐が欲しいという割合は、「そう」で42％、「どちらかというと、そう」を含めると、約七割にも上っています。社会に隔絶された閉塞感の発露ともいえましょう。

働いている母親たちの数値で気になったのは、35％もの人たちが「どちらともいえない」と答えている点です。仕事を持っていても生き甲斐とまではなり得ていないということの現れでしょうか。

ところでマニュアル化社会と称される昨今、子育てでも育児書や育児雑誌などに書かれてある通りにしなければと考える母親たちが増えたのではないかと懸念します。実際に、離乳食が始まったばかりの子を連れて実家に戻るときは、計量スプーンや離乳食専用の小鍋まで持参して行くという話を聞いたことがあります。また母乳を与えていれば水分は必要ないという指導のみを信じ、赤ちゃんが低血糖症や高ナトリウム血症になりかけたという事例もあります。

そこで、育児書や雑誌に書かれている通り、離乳食を作ったり育児を実践するのか聞いてみたところ、「そう」「どちらかというと、そう」の回答は、全体では約12％でした。一割強を多いと見るか否か、判断に迷うところですが、専業主婦の母親と就労している母親を分けてより詳しくみると、就労している母親が８％であったのに対し、専業主婦の母親は12％強でした。さらに、親として不適格ではないかと思うことがありますか、という質問に、「そう」「どちらかというとそう」と回答しているのは、専業主婦の母親が23％、働きながら子育てをしている母親は20％です。育児にのめり込みがちになったり、自分を責める傾向が強いのは、僅差ではありますが、専業主婦の方でした。

なお、本調査では85％以上の母親が、子育ては楽しいと答えていました。しかし厚生労働省白書によると、「子どもといるとイライラすることが多い」と答えた母親が、一歳半健診を利用した一九八一年調査に比べ、二〇〇〇年調査では約三倍も増えているという報告が出ています。

（本書第三章参照）。このイライラ感については、幼稚園児や小学生の母親の調査で詳しく考えます。

自然の摂理に反した育児

今回のアンケート結果では、二〇〇九年現在で乳幼児を育てている母親たちの44％が、子どもが一歳を過ぎてなお毎日のように真夜中に授乳を続け、41％の人が、七か月を過ぎて約八キロもある子どもを抱いて寝かしつけている現状が明らかになりました。

既に述べたように、大人と同じ三回食でお腹に溜まる食事が摂れるようになった子は、生理的には朝まで熟睡できるはずです。にもかかわらず子どもが求めるからといって夜中に乳を含ませるというのは、子どもの眠りを妨げ決して褒められる行為とは思えません。ところが熟睡よりも子の精神的安定を優先する風潮が見られました。

「寝不足で、つらいけれど頑張る」「重いけれど、親子のふれあいを大事に抱き寝かせる」という母親たちが四割もいる現状をどう捉えるべきなのでしょうか。自然の摂理に従った育児でなく、母親の責務を強く意識した育児のように思えてなりません。なぜそういった傾向が強まっているのか、この育児負担が今後どういった形で表面化するのか、日本だけの傾向なのか、幼稚園児や小学生の子を持つ母親の調査からは何が見えるのか、次節以降で検証します。

二　韓国との比較で考える日本の育児

幼稚園年長または小学五・六年生生のお子さんを持つお母さんを対象に日本と韓国で行ったアンケート調査結果をもとに、子育てについて比較しつつ考えてみましょう。

抱き寝かせる傾向が強い日本の母親

前節で述べたように、一歳半前後の子をもつ母親対象調査によって、体重が増えても積極的に抱き寝かせる傾向があることが分かりました。そこでこうした現象が、五年あるいは一〇年前にも見られるのか、また韓国ではどうなのか、質問項目に加えてみたところ、円グラフに示したような結果が表れました。

「八か月」という区切りは、子どもの発育状況から設定しました。一人でしっかり座わって遊ぶことができ、横にさせるとゴロゴロ寝返りをしたり、中にはハイハイを始める子もいます。声も盛んに出し動きが活発になる分、食欲も旺盛になってきます。離乳食としては、二回食から大人と同じ三回食への移行期で、母乳やミルクより離乳食から栄養を摂るようになってきます。つまりよく動き、お腹に溜まる食が摂れるようになり始める頃が「八か月」なのです。

八か月頃、抱き寝かせていた率

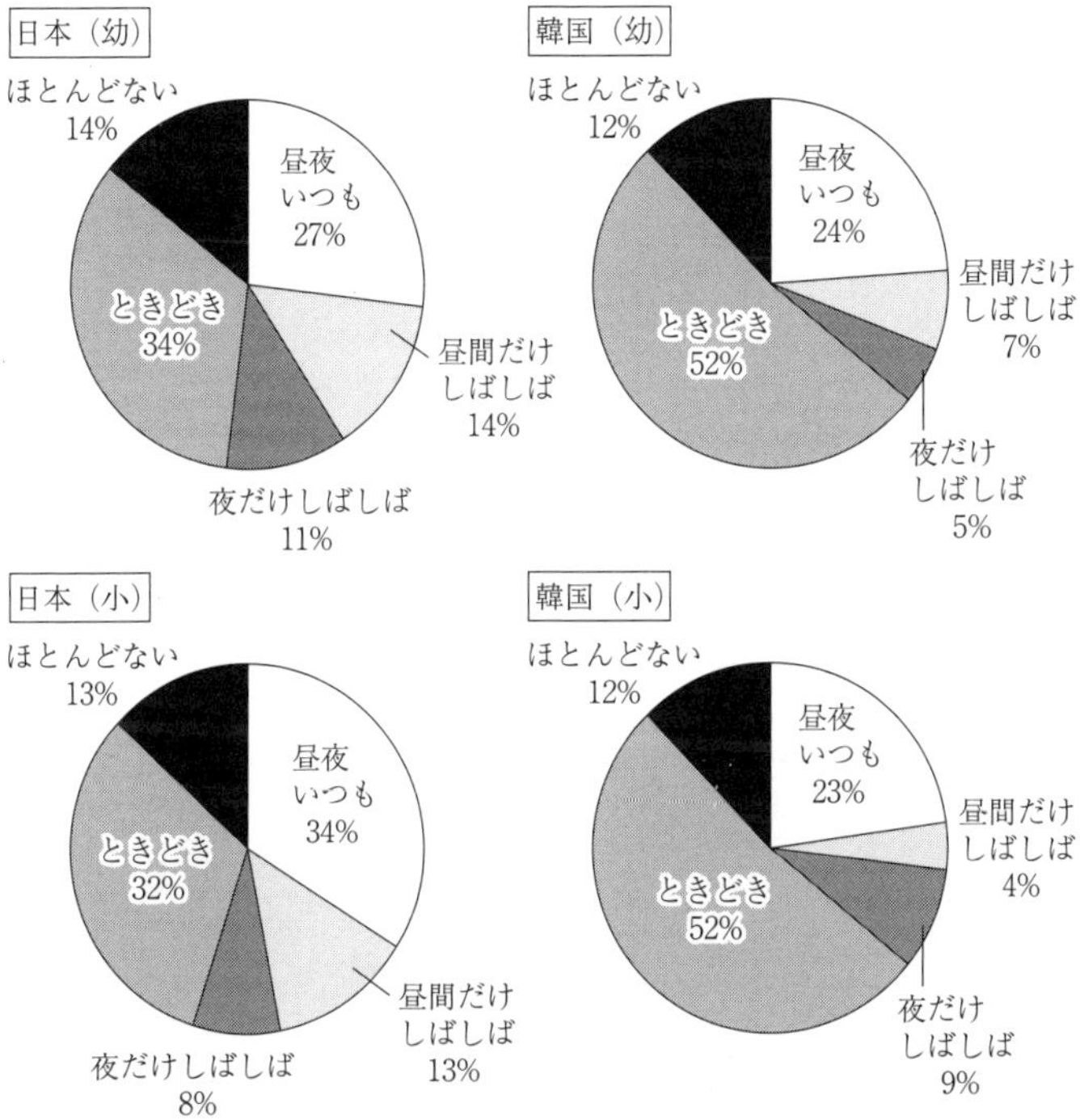

日韓で比較すると、「昼夜いつも」「しばしば」の合計は、韓国の幼稚園児や小学生の母親がともに36％であるのに対し、日本の幼稚園児の母親は52％、小学生の母親は55％と、日韓での開きが20％近くあることが分かります。

　時間とともに記憶は不確かになり、その時に味わった思いが記憶に色を付けることもあります。前節で確認した、子どもが七か月から九か月の頃、四割強の母親たちが抱き寝かせを「い

抱き癖を気にせず抱くよう指導を受けた

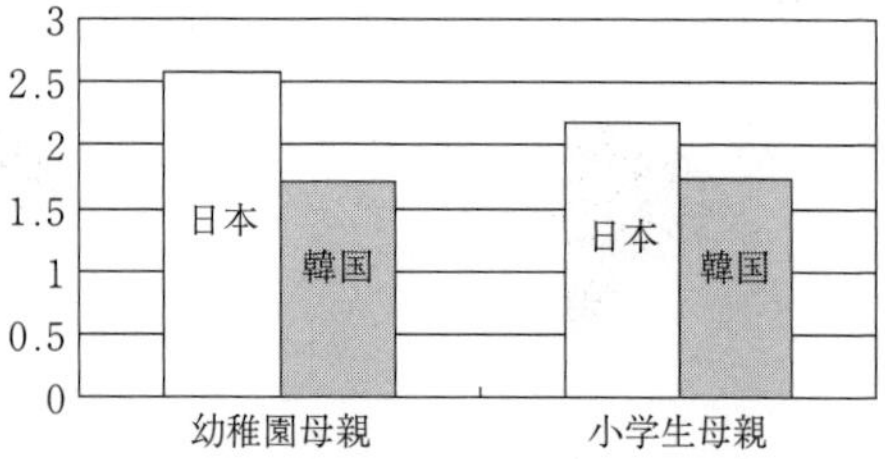

つも・しばしば」していたという数値よりも、幼稚園児や小学生の母親たちの数値の方が高い値を出しているのも、抱き寝かせで大変だったという思い出が鮮明に残っており、それが反映されたからかもしれません。とはいっても、一〇年前から、そういった傾向があったことは否めないでしょう。

保育園や兄弟姉妹が多い家では、手が足りないので、一人一人を抱き寝かせるわけにはいきません。それでも、よく動きお腹がいっぱいになれば、子どもは疲れてコトンと眠ってしまいます。そう考えれば、「抱き寝かせ」ではなく、布団に寝かせ、声をかけたりトントンと軽く叩いたりして寝かしつける方が、よほど子どもも親も楽です。抱かれて眠るよりのびのび布団の上で眠る方が熟睡できることは、想像に難くないはずです。愛情のかけ方は「抱く」以外にも、「手を握る」「優しく見つめる」「声をかけたり歌ったり」などいろいろあるのに、「抱く」ことに拘る日本の育児姿勢が、こうしたところにも現れているといえるでしょう。

また甘え泣きだと分かっていても、泣けばすぐ抱く方がよいと思っている母親たちが多いのも、日本の方でした（資料参照）。棒グラフで明らかなように、そういう指導が行われている傾向は、日本の方に強く表れています。

なおこのグラフは、アンケートの回答を五選択方式（5そう、4どちらかというとそう、3どちらでもない、2どちらかというとそうではない、1そうではない）とし、その平均値で比較してあります。以降、掲載した棒グラフは同様に処理しています。

過保護・過干渉傾向が強いオモニたち

我が身を犠牲にしてまで夜中に授乳したり抱き寝かせたり、泣けばすぐ抱き上げる日本の母親の方が過保護に違いないと思いますが、幼児期以降、過保護・過干渉傾向が強いのは、韓国の母親たちであることが、今回の調査で明らかになりました。次頁に挙げたグラフの母親の意識比較では、オモニたちの方が、いくぶん日本の母親たちよりも過干渉であると出ています。

二九頁のグラフでもその傾向が分ります。小学校高学年ともなれば、親や大人に対しても少し距離を置いた分析ができるようになります。身体も成長し、女の子では初潮を迎える子も出て来ますし、自分のことを客観的に捉えるようになり、自立心や自己肯定感も持てるようになります。一方で羞恥心も芽生え、中には思春期の入り口に立つ子も出始めます。その時期になっても子どもの服を準備したり、忘れ物のチェックをしたりするのは、過保護といわざるを得ないでしょう。

子どものことは何でも分かっている

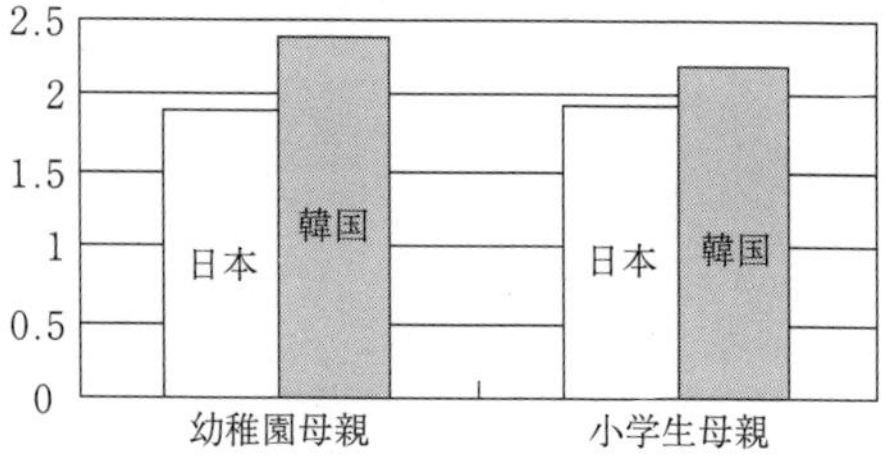

子どもが気づく前に教えてしまう

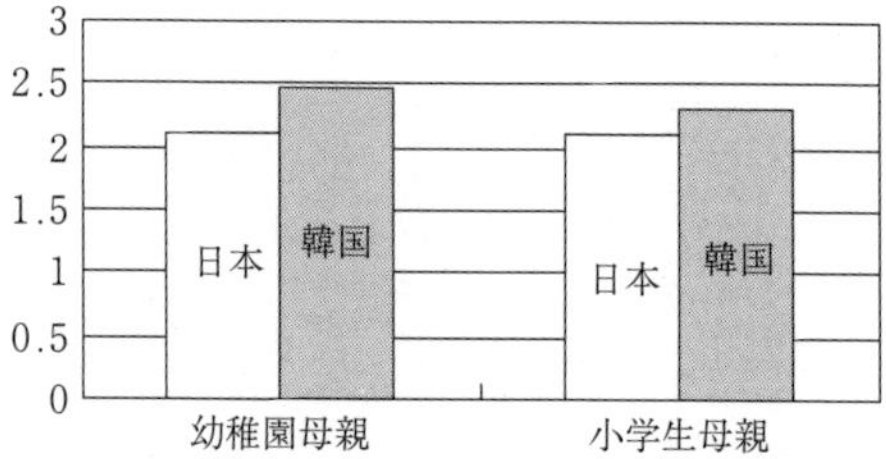

「オンマハッキョ（母親学校）」の代表である徐亨淑氏は、二〇〇六年九月にソウル市内の桂洞に学校を設立し、周囲の過熱教育に惑わされず、過保護・過干渉で子どもの自立心を妨げることがないようにと、母親たちの指導にあたっています。「塾通いより経験を大事に」「思いっきり遊ばせることが子どもには大切」「学校の長期休業中は勉強から離れる期間と考えて色々な体験をさせよう」「信頼して待ってやれば、子どもは自分の人生を自分で決めていく」など、韓国社会に吹き荒ぶ高学歴志向・過熱教育の風に立ち向かう子育てを提唱され、雑誌等マスコミでもよく取り上げられています。しかしその徐亨淑氏も、著書『オンマハッキョ』（つげ書房新社、二〇〇八年）で、学校へ通う年齢の子供たちに、毎朝愛情をもって靴下を履かせたと著しています。幼子ならいざ知らず学校へ通う子にそこまでするだろうかと驚きを覚えますが、日本人と比べ概してオモニたちの方が子との触れあいは旺盛だと聞いてい

ます。靴下を手ずから履かせるというのも、その表出の一つなのでしょう。しかもそれは母子関係に限ったことではありません。韓国では同性同士でも手をつないだり肩を組んだりして歩く姿をよく見かけるので、国民性の一面といえるかもしれません。

　韓国の母親たちは、塾や習い事への送り迎えはもちろんのこと、子どもの勉強環境を整えることに、ことさら過保護にも過干渉にもなります。なぜなら子どもの栄達によって母親の存在意義や価値が決まるという通念が、韓国社会にあるからです。そのような悲しい概念がなぜ生まれたのか、韓国の女性たちは、男尊女卑の儒教社会をどう生き抜き権利を得てきたのか、また今の教育事情や諸問題など、詳しくは第二章で紹介します。

朝、子どもの服を準備する

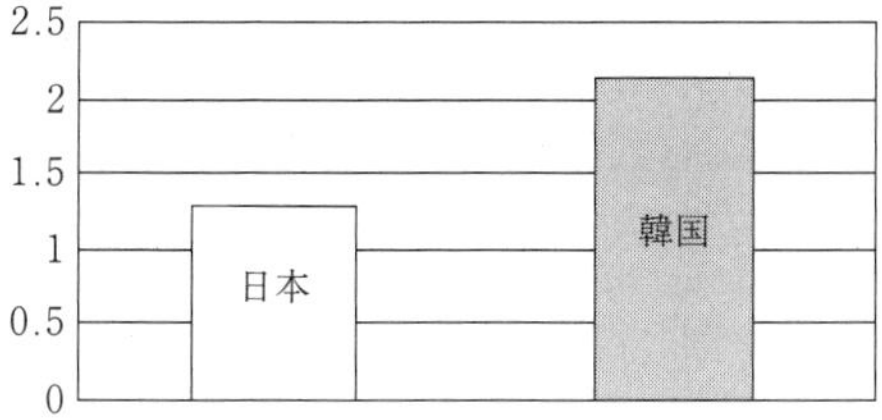

朝登校前に、忘れ物がないか確認する

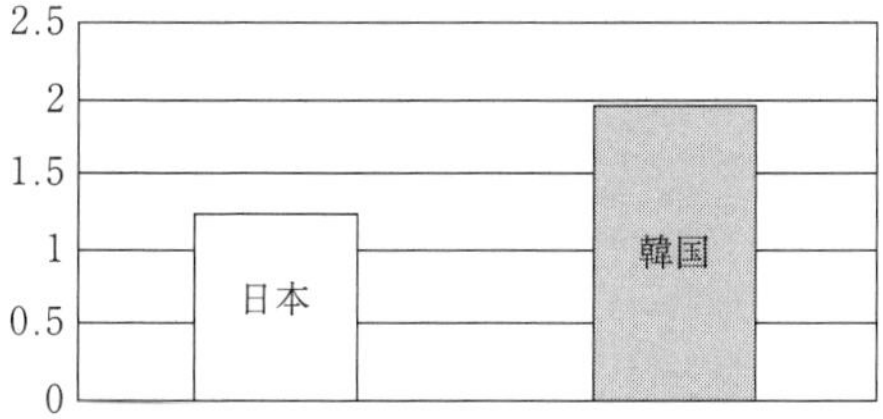

甘いだけでなく、厳しく躾ける韓国

　先述してきたように韓国の母親たちは、日本よりも過保護・過干渉傾向が強いといえます。その流れで考えると、さぞかしわがままで生意気な子どもに育つのではないかと思われますが、グラフを見ると、日本の子供たちの方が親に反抗的であることが分かります。

子どもが親に口答えをする

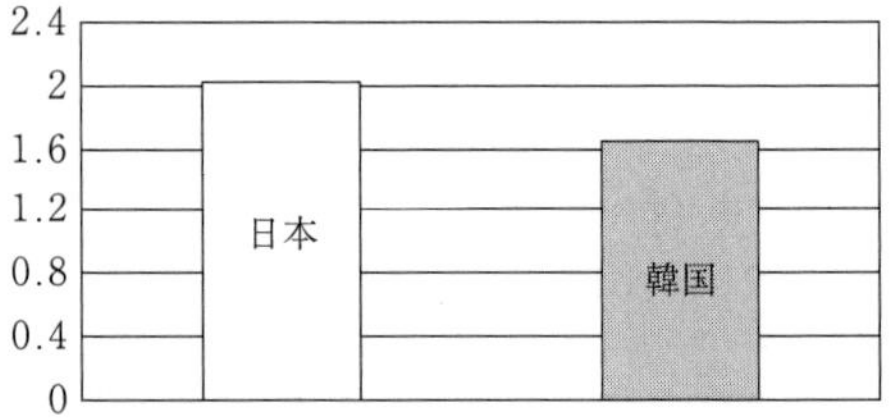

ところで、子どもが悪さをしたときには、「小言をいう」「注意する」「たしなめる」「諭す」「説教する」「ガミガミ言う」「叱りつける」「どなりつける」「罰を与える」など、言葉の数だけ対応も異なります。そこで、本調査では一番厳しいと思われる「罰を与えるか否か」という質問で、躾けに関する意識を探ってみました。

次頁のグラフを見ると、韓国の母親たちは、甘いだけではなく躾けもしっかり行おうとしていることが一目瞭然です。

儒教の教えでは、親や年上の人に逆らうことは、「不孝」であり「礼を失する」ことになります。そういった教えを、今も親が子に、そして学校や社会で躾けているから、韓国では連綿と受け継がれてきているのでしょう。

日本の母親たちの場合、そこまで厳しく叱らなくてもと思う人が多いということなのでしょうが、どうもそれだけではなく、最近は、とかく「体罰」や「虐待」が話題に上り、日本では家庭に限らず、学校や地域など公共の場でも、「叱る」とか「躾ける」ということに、大人たちが臆している向きがあることも、関係していると思われます。

また毎日使う言葉の影響も軽視できません。日本では、親や年長者に対し友だち言葉を使ったり、時には老いた人を蔑んだりする物言いを耳にすることがあります。そういった言葉遣いは、知らず知らずのうちに相手を軽視する気持ちを刷り込んでいきます。厳しい忠告や叱責を受け止める土壌には、信頼関係はもちろんのこと、相手への敬意が必要なことはいうまでもありません。しかし友だち親子を理想とする人が増え、悪くいえば、なれ合い的な関係を良しとする風潮によって、地盤が築かれず、苦言に耳を傾けられなかったり、また注意を促す側も、ともすれば適切な躾や諌めにブレーキをかけてしまったりしているように思えてなりません。こうした社会で育つ子供たちが造り上げる日本の未来を憂慮する声は決して少なくはないはずです。

悪いことをしたら罰を与える

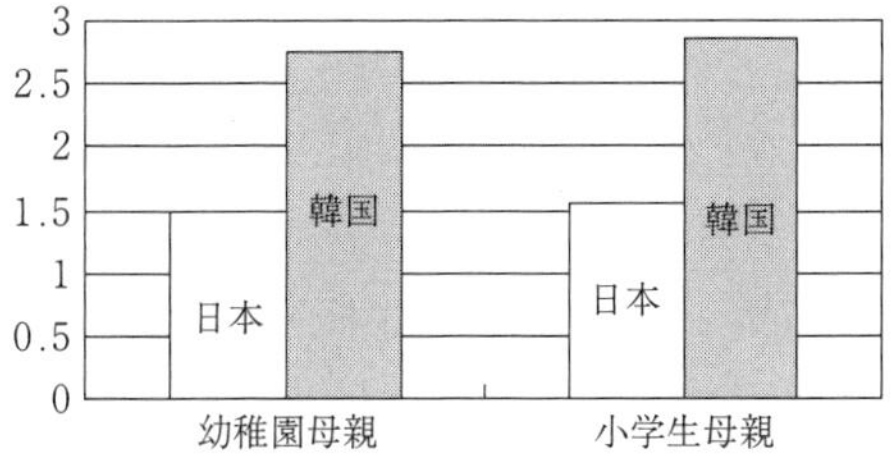

親にも丁寧な物言いをするよう躾ける

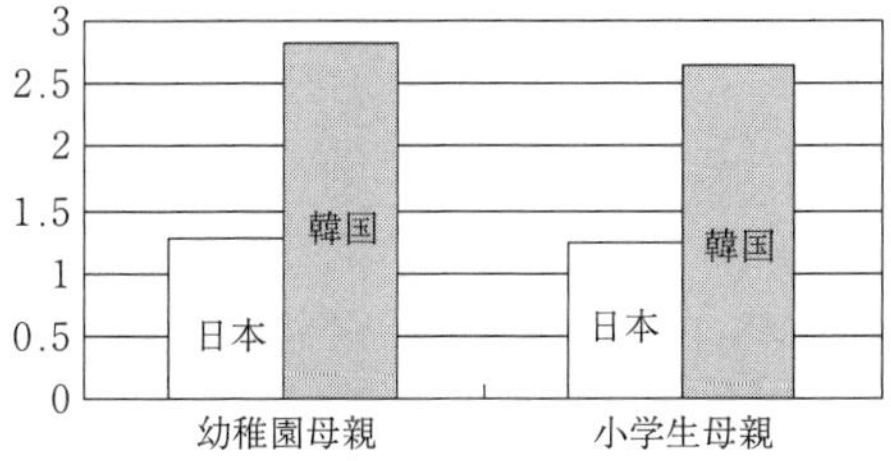

a) 育児にイライラすることがある

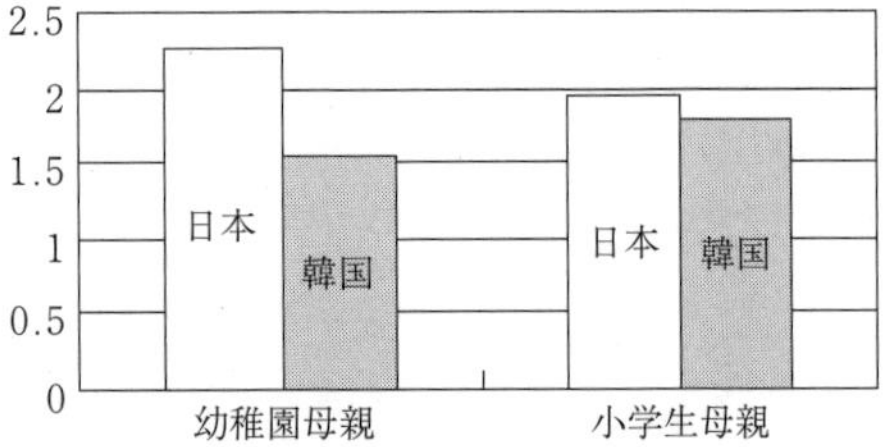

b) 幼児期、子育てでイライラすることがあった

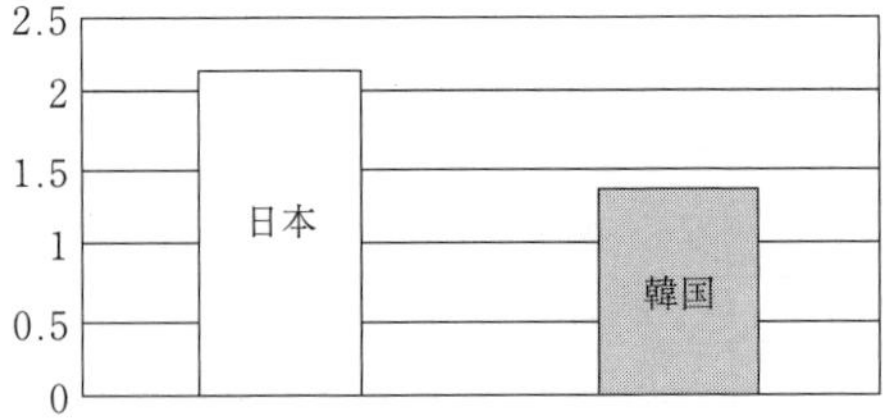

イライラ感が強い日本の母親

グラフaは、最近子育てでイライラすることがありますか、という質問の回答です。小学生を持つ母親の場合は、日韓での差はほとんどありませんが、幼稚園の母親を見ると、日本の方に強くその傾向が表れていることが分かります。グラフbは、小学生の母親たちに、子どもが幼児期だった頃、イライラすることがありましたか、という質問の回答結果です。やはり韓国の母親たちと比べ、日本の方に高い数値が出ています。幼児期の子育てに苛立ちを覚える人が多いという現象は、日本の特徴と考えてよいでしょう。

ならば日本の子供たちは、韓国と比べて親を苛つかせるほどわがままなのでしょうか、具体的に子どもたちの様子を聞いてみました。

次頁のグラフで明らかなように、幼児期にスーパーでダダをこねて母親を困らせたのも、買ってくれるまで要求し続ける小学校高学年生も、わずかな差ではありますが、韓国の方が多いという結果が出ました。しかし、先ほど見たように、幼児期の子育てで苛つきを覚えているのは日本の母親たちの方なのです。

幼児期にスーパーでダダをこねることがあった

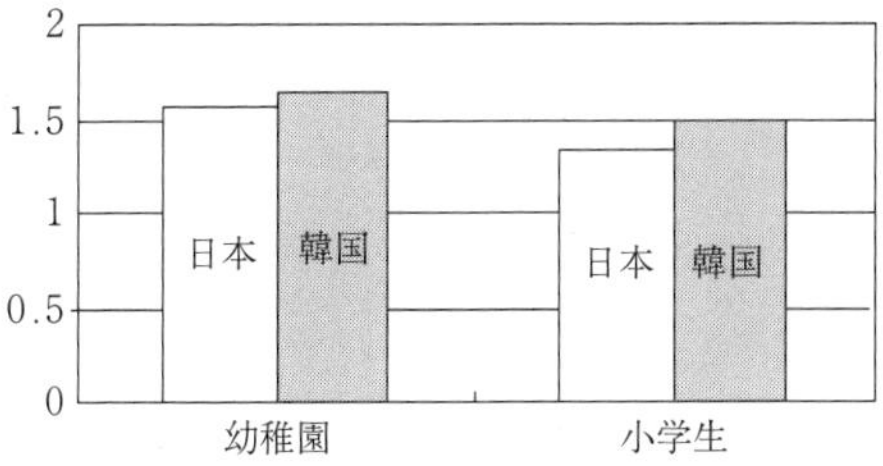

買ってくれるまで要求し続けることがある

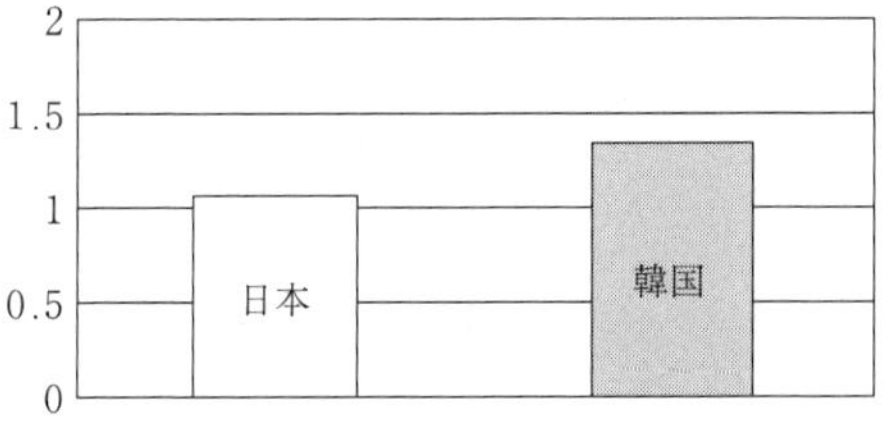

三　まとめ

アンケートを実施し比較してみると、子供たちがダダをこねたり、わがままな要求をしたりすると強く感じているのは、オモニたちの方でしたし、過保護、過干渉ぶりが強いのも、罰を与えるほど厳しく躾をしているのも韓国の母親たちでした。一方、幼児期に感じる子への苛立ちや育児の負担感が強く表れていたのは、日本の母親たちの方です。なぜ育児負担を感じるほど一生懸命に育てると、幼児期の子どもに苛立ちを覚えるようになるのでしょうか。

調査によって浮き彫りになった日本の母親たちの育児状況を整理してみましょう。

第一に、生理学的成長からすると朝まで熟睡できるはずの一歳前後の子が、夜中に授乳を求め、母親は子の精神的安定のためにと眠い目をこすりながらも応じているという状況が、実に四割強、一歳半では約三割見られました。

第二に、半数以上の母親たちが、八か月過ぎても抱き寝かせていました。韓国と比較すると、約20％も高いという驚きの数値をはじきだしています。

第三に、泣けば抱く育児傾向が強いのも、躾けに甘いのも日本の特徴でした。

身体的発育上必要ではない真夜中の授乳や抱き寝かせを奨励している育児書はありません。一般的に考えれば、真夜中の授乳は、五か月頃までに卒業しているものですし、体重が増えてきてからの抱き寝かせは、あくまでも寝ぐずる子や夜泣きする子への対応だからです。しかし世の五割以上の母親たちは、愛情深い母親ならば当然とるべき対応であるかのように積極的に抱き寝かせ、真夜中も授乳し続けているのです。

これが、筆者が案じる「歪み」です。「愛情をできるだけかけましょう」「抱きしめてあげましょう」これらの指導に何ら問題はありません。しかし受け取る側は、愛情のかけ方を極度に広げて解釈し育児をしているのです。母親にしてみれば、一時期の自分の我慢や頑張りによって素直な子どもに育つと思えば、できる限りのことをしようと必死にもなります。こうした自己犠牲は、先々子の健やかな育ちとなって報われるはずと思うからです。しかし求めればいつまでも与えられることを学習した子供たちは、幼稚園年長ともなると知恵が回り、わがままをいったり、要望が通らないと憎まれ口を叩いたりし始めます。こうした子どもの反応に、あれほど苦労し愛情を注いできたのにと苛立つのかもしれません。

また育児負担感やイライラ感のみならず、育児不安や苦悩が母親たちを苦しめています。アンケート調査用紙の最後に用意した自由記述回答（子育てに関しての不安や日頃思っていることについて）は、記入欄が狭いこともあり、多くの声を拾うことはできませんでしたが、日韓の母親たちが抱いている思いの一端を垣間見ました。例えば日本の母親には、子どもに優しく接しなければと思ってはいるものの、自分の感情を制御できず「親も人間なので……その日の気分で怒ったり怒らなかったり」「一人で行う育児は閉塞感いっぱい」「感情的にあたってしまう」など、どちらかというとネガティブな記述が目立ちました。一方韓国では、「子どもの考えを尊重する方法を教えて」「年老いた人の常識や本に書かれていること、自分の気質、その時の状況をあわせて育てる」など、子どもとの接し方も情報の取捨選択もポジティブに関わろうとする姿勢が、記述の中から見えてきました。日本の母親の育児不安や負担感が、なぜこれほどまでに強いのか、なぜ日本の母親はそれほどまでに頑張るのか、換言すれば母親を追い込むものは何なのか、第三章で詳しく考察します。

ところで、この章では触れませんでしたが、筆者の調査では「学校を心理的理由で欠席したことがある」と回答した人が、日本では10％もいましたが、韓国では1％を切りました。しかも韓国の子供たちの方が、日本の倍以上も学校へ行きたがらない傾向は強いのに、心理的理由による欠席は皆無に等しいのです。夜中の授乳の負担感や八か月頃の抱き寝かせ傾向が、間接的ではありますが「幼稚園や学校へ行きたがらない傾向」に影響を及ぼしていることも、調査結果に表れました。さらに一般的には、母親の過保護、過干渉が「不登校」の原因といわれますが、これらは「幼稚園や学校へ行きたがらない傾向」や「心理的理由による学校欠席」にあくまでも間接的に関わりがあるに過ぎず、より強い関連は、子どものわがまま傾向及び子のわがままに引きずられている親の群であることもまた明らかになりました。日本以上に過保護、過干渉であった韓国の母親との比較から、そのことが裏付けられたのです。(資料参照)。

「学校へ行きたくない」と思う子は日本より多くいるのに、学校を休むことにはつながっていなかった韓国、学校へ行かなくても良いという選択肢が用意され、「明るい不登校」「悩まない不登校」化現象も見られる日本。この件については第四章で解説します。

第二章　過熱教育、儒教思想に苦悩する韓国

遠い昔、多くの大陸文化が朝鮮を経て日本にもたらされ、朝鮮は日本にとって「近い国」でした。ところが秀吉の朝鮮出兵や日韓併合によって、「近くて遠い国」となった歴史を持つ朝鮮・韓国と日本。その歴史が、朝鮮の女性たち、特に母親たちの母性に影響を及ぼしていることを知る人は少ないようです。

ところで韓国ドラマに出てくる母親たちには、日本人に無い強さ、逞しさを感じるという声をよく耳にします。確かに前章のアンケート結果で示したように、韓国の母親たちは過保護・過干渉傾向が強い反面、躾けの面でも非常に厳しく子供たちに接しています。

韓国の母性が培われる背景には、何があるのでしょうか。さらに世界的にも群を抜いた過熱教育状況の中で韓国の親たちがどう子育てしているのか、その問題点は何なのか、過熱教育による高学歴志向が、現代韓国の女性たちにどう影響しているのか、近年再び「近い国」といわれるようになった韓国の実状を捉えます。

世界トップの進学率

下記のグラフは、韓国統計庁が二〇一一年三月七日に発表した社会指標をもとに作成したものです。二〇一〇年で80％を割ったものの、二〇〇〇年以降の進学率は世界でも突出した数値です。因みに二〇一〇年八月に発表された「教育指標の国際比較」（文科省ＨＰ）によると、日本の二〇〇九年度大学・短大等への進学率は57・2％、イギリス62・5％（二〇〇七年）、アメリカ53・1％（二〇〇六年）、ドイツ23・6％（二〇〇七年）というのですから、いかに韓国の数値が並外れたものであるのかが分かることでしょう。

大学・専門大学（修学年限が二〜三年の短期大学のこと）の進学率は、一九九〇年の33・2％以降、二〇〇五年の82・1％まで急上昇し、二〇〇八年には83・8％という高数値を出しましたが、二〇〇四年以降は横ばい状態に、二〇〇九年では81・9％、二〇一〇年は79％と二年連続低下して

大学進学率

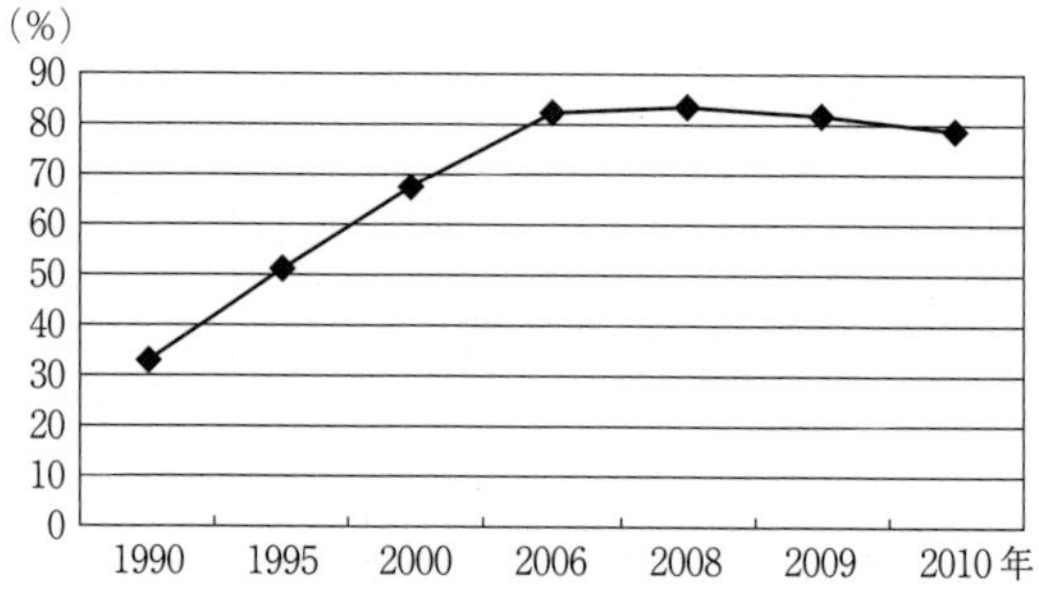

韓国統計庁発表の社会指標をもとに作成

います。

二〇一〇年三月八日の『韓国中央日報』を見ると、二〇年ぶりに進学率が減少した原因を、浪人生の増加によって全体の受験生数が増え、現役高等学校生にとっては競争が激しくなったことや希望する大学に偏りがあるため、浪人を選択する受験生が増えていることだとする、イ・ヨンドク大成教育開発研究所所長の解説が掲載されています。二〇一一年三月五日の『ソウル新聞』では、連続低下した理由の一つに、大学を出ても就職が難しいため、ソウル圏内での大学進学が叶わないのであれば、高等学校卒業段階で就職を選ぶ傾向があること、また地方の大学や自分の適性や特技に合わない大学へは行かないという雰囲気が受験生の間にあるという専門家たちの分析を載せています。

ところが報道によると、希望する大学を受験できるか否かを決定づける修学能力試験「スヌン」の受験者数が、二〇〇九年は前年より七万人、二〇一〇年も二万七千人増えているというのです。とすると教育過熱に陰りが出ているとは考えられません。統計庁が発表した進学率は現役高等学校生の率ということですので、受験生の大学偏重傾向が強まることで、浪人を選ぶ人が増加した結果といえるでしょう。

国立のソウル大学や釜山大学、私立では高麗大学・延世《ヨンセ》大学・梨花女子大学等のトップレベルの大学やソウル圏内の大学に希望が集中するのは、いまだに卒業した大学名が就職に大きく影響する学歴社会だからです。特に大学名の頭文字をとり「ＳＫＹ」と称されるソウル大学、高麗大学、延世大学は、まさに、空（sky）のようにレベルが高い難関大学といわれていますが、これらの卒業生という名声は、一生涯を保証するものでもあるのです。

二〇〇八年の夏、ソウルで大学の教授数人に韓国の教育について尋ねる機会を得ました。誰もが一様に口にしたのは、やはり過熱教育現状への憂いでした。80％を超える高進学率が弊害を生じているというのです。

一つにはトップクラスの能力を持つ学生の伸び悩みです。二〇年前の進学率であれば、ソウル大学や延世大学などの難関大学にさして勉強せずとも合格できた層の学生たちが、今は受験科目の勉強だけを繰り返す不毛の学習をせざるを得なくなっているのです。身を削る努力を積み重ねている学生に合格の座を奪われる可能性が高くなっているのですから、一点を争う受験戦争から逃れるわけにはいかないということでしょう。受験に直接関係のない幅広い分野の本を読んだり、様々な経験を積むこともなく、幼い頃からひたすら受験勉強に追われてきた学生層の増加は、日本同様、有資源国ではない韓国にとって、国全体の活力、国益の低下をも招く大きな問題だと、将来の社会を支える人的資源育成の視点に立つ教授たちは憂えているのです。

二つ目には、高学歴を手にしても職が決まらなかったり、学歴に見合う職に就けていないという深刻な問題です。例えば以前なら公務員試験のうち、高等学校卒業生を対象としていた級（職種）に大卒者が応募しているそうです。また日本のパラサイト・シングルとは性質が異なって、高学歴を手にした若者たちが職に就けず親の脛をかじっているという社会現象が、今韓国にはあるといいます。

人生を決める修学能力試験「スヌン」

十一月に実施されるスヌンは、日本のセンター試験に似ていますが、この得点が希望大学の受験資格の有無だけではなく、大学卒業後の就活や結婚、はたまた転職の際にも関係するほどの影響力を持っている点で、日本とは大きく異なります。スヌンの出来次第でこれからの人生が左右されるといっても過言ではありません。

スヌン受験日には、ジェット音の影響を配慮しフライトスケジュールを調整したり、スムーズに受験生が試験会場（韓国では大学ではなく高等学校）へ集合できるよう、会社の始業時間を遅らせたりと国を挙げて対応を取ります。遅刻しそうな受験生をパトカーで会場まで送り届ける話は、日本でも既に知られているところです。校門の前でプラカードなどを掲げ賑やかに応援している後輩たちの様子や、「よく付く」験担ぎで親たちが飴や餅を配ったり、果ては門にそれらをくっつける様子からも、韓国の教育過熱ぶりが伝わってきます。

こうしたソウル圏内の有名大学に価値を置く高学歴至上主義のもと、スヌンでの高得点取得を目標に、子供たちはロングスパーンで受験勉強に臨むのです。というのは、韓国では、いわゆる日本の有名私立小・中学校ねらいの「お受験」がないからです。

韓国の教育制度や社会状況について簡単に説明しておきましょう。一九八四年の教育法の改正後、義務教育期間は日本と同様初等学校（日本でいう「小学校」）六年、中学校三年間と決まりましたが、無償教育の全国完全普及は二〇〇四年からです。一九九六年より定員に余裕があれば、校長の判断で満五歳からの就学を認める入学年齢の弾力化政策も導入されました。高等学校は、外国語・科学・芸術・体育高等学校などの特殊目的学校、実業（商業・工業）高等学校、一般系高等学校の三つに大きく分かれます。一般系高等学校では、一九七四年より学区間での高等学校格差を是正する目的で「人文系高等学校標準化措置」が取られています。これは公立も私立も関係なく学区全体で同一試験を行い、居住する地域と成績でどの高等学校も平均になるよう振り分ける制度です。日本に来ている留学生たちに話を聞くと、同一高等学校に様々なレベルの学生が在籍しているため、校内で能力別や進路別にクラスや授業が分かれており、顔も名前も知らない学生たちと同じ門をくぐるけれど、校内の違う高等学校へ通っているようだといいます。

しかし有名大学に入学する確率が高い特殊目的高等学校を受験する中学生が増え、また教育レベルが高い江南地区に居住地を移す家族も後を絶たず、そういう意味では高等学校格差の是正をねらったこの制度は既に破綻しているともいわれています。実際に大学入試を目指す中・高等学校生は、「学院」（日本の塾や予備校のこと）に通い、常に競争の中に身を置いているといっても過言ではありません。日本の教育とは異なる多くの問題を抱えているのです。

いくつもの中学校や高等学校で、課外授業や日本語授業を七年間ほど担当しているという日本人教師と、韓国南部に位置する大邱広域市の中学校で、音楽教師として長年勤めている教師に、二〇一一年四月、韓国の学校生活や教育現場が抱えている問題などについて話を聞くことができました。彼らの話によると、教育課程として週に一～二時間程度、選択制でスポーツや文化活動を行う授業時間が設定されているものの、原則的に中学校・高等学校ともに日本のような放課後に行われる部活動はないそうです。生徒たちは、中学校では授業が終わった四時以降、夜七時～八時頃まで、高等学校になると、七時間目の授業が五時頃まであり、その後夜の給食を食べ、一～二年生は夜の九時まで、三年生になると十～十一時頃まで勉強するというのが、どこの学校でも見られる光景だといいます。課外に設定された授業は、別料金を支払って受講するシステムで、学院へ通わずとも学校の中で課外授業を受けられるように、つまり少しでも保護者の私費負担を軽くしようというねらいで行政主導のもとに導入されているのだそうです。

二〇一一年度からは、さらに受験主要教科学習時間を確保するため、中学校の技術や芸術の授業は通年で行わないシステムに変更になりました。例えば前期に技術の授業時間が組まれていれば、後期では一時間も行わないそうです。音楽や美術等も同様です。中学生といえば、心も身体も成長著しい時期です。学校教育が目指すべきは全人教育ですが、残念ながらどうも韓国では根本的な教育指針そのものが歪みはじめているようです。

芸術や技術教員の勤務形態としても、学期によっては担任するクラスで授業を教えないことに、それどころか持ち授業時間が大幅に減るため、曜日によって教える学校が違うということもあるそうです。非常勤ではなく正規職員でもこういう勤務を余儀なくされているというのです。もちろん教員間で問題視する声が強く上がっていますが、政策というものがトップダウン式で下りてくる韓国では、現場の声が吸い上げられることは難しく、そういう意味では韓国社会はまだまだ民主化途上にあるといえるでしょう。

PISAでは常にトップクラスだが

OECD加盟国で実施されたPISA2009（一五歳児を対象とした学習到達度調査）の結果では、読解力二位、数学四位、科学六位と国別ではフィンランドとともに全科目で首位に位置づけた好成績でした。しかし韓国と比べ、フィンランドの学生たちの勉強時間が格段に少ないことに着目し、教育改革をするべきではないかという声が出ています。というのは、学習の成果を得るためにどのくらい勉強時間をかけたのかを測った学習効率化指数が、加盟三〇カ国のうちフィンランドが一位であるのに対し、韓国は二四位という低順位（二〇〇六年度）だったからです。二〇一〇年一月六日付けの『韓国日報』に、この件を扱った記事が出ており、学習コンサルタントで教育勉強研究所のパク所長は、韓国では盲目的かつ量的学習により成果を上げようとする文化が支配的であること、またこの韓国式低質な勉強方法が学生たちの勉強拒否感につながっていること、そしてこの勉強法から抜け出さない限り、創意的な人的養成は空念仏に終わると述べています。この指摘は、先ほど紹介した大学の教授たちの嘆きと共通します。

学習効率が高いフィンランドの教育方法と比較検討し、教育政策を考えようとする視点で、国のリードのもとに教育改革を展開していけば、頭脳を資源とする韓国は更なる発展を遂げることができるでしょう。日本でも知識偏重の詰め込み教育の問題性が長年にわたり叫ばれていたにも関わらず、旧態依然の大学入試制度が故になかなか手が入らないジレンマを抱えていました。ところがＰＩＳＡの国際比較で応用力、読解力を育む教育の必要性が重要視され、学校現場で具体的教育実践が施されはじめた点を見ると、ＰＩＳＡの参加、及び結果分析は大いに歓迎すべきことといえるでしょう。

しかし、パク所長の弁にもあるように、韓国には盲目的に勉強量を競う文化が根強くあります。スヌンでの得点が一生を左右するという、点数に拘るものさしで教育を語る勢力が強い間は、改革を進めるのは非常に難しいといわざるを得ません。

というのは、この競争意識が、個人間を超え国家間でも存在していることを否定できないからです。つまり国の威信をＰＩＳＡの結果にかけている面が窺われるのです。それが端的に現れたのは、国としての参加ではなく、教育水準の高い都市に限っての実施を選んだ中国でしょう。二〇一〇年十二月八日付けの『朝日新聞』によると、「読解力」「科学的なリテラシー」「数学的なリテラシー」の全てにおいてトップを達成した上海市教育当局は「これほど人的資源、時間、お金をさいてきた事業は、上海の歴史上めったにない」と語ったとあります。まさに市を挙げて高順位を狙ったと思われます。

韓国では、受験者になった三五人を全校生徒の前に立たせてハッパをかけた学校もあったことが、同新聞に報道されていました。もちろん日本でも、他国と比べての順位変動に拘泥する表現をマスコミやネット上等で多く見聞することから、ＰＩＳＡの順位がナショナリズムの発露と意識する傾向が多分にあることは否めません。

高まる早期英語教育熱

日本でも学習指導要領の改訂により、二〇一一年度から英語教育が小学校で必修になりましたが、韓国では金泳三大統領の世界化政策の一環として、一九九七年に初等学校三年生から年次進行で拡大する予定で開始されました。以来、一年生からの英語教育導入に向け、研究指定校での実施や教育課程の改訂等、様々な検討が進められています。

韓国の早期英語教育を研究している後藤理子氏は、二〇〇九年度の英語教育関連事業費が総額で一九六億ウォンにも上っており、これは前年度比二・七倍の大幅増額となっていることからも、国家を挙げての英語教育強化策となっていると指摘しています。[1]しかしこの李明博大統領の重点政策の一つである早期英語教育政策により、乳幼児期からの英語教育に火が付き、塾や習い事などの教育費の増加や所得による教育格差の拡大等の問題を引き起こしていると危惧する声が多いのも現状です。しかしながら早期英語教育の是非論と関係なく、親の教育熱はますます高まっており、その期待に応えるため、ほとんどの幼稚園で英語教育が導入されています。

二〇〇九年にソウル市内の私立幼稚園と公立初等学校の英語の授業を、釜山では私立初等学校を見学してきました。幼稚園園長は、保護者の要望が強いため英語教育を取り入れないわけにはいかないと語り、保育時間に英語を取り入れ、さらに希望者には時間外での課外授業も行っていました。

公立初等学校五年生の英語の授業では、教育委員会が作成したプログラムに基づき、ネイティブな英語教師と韓国人の英語教師によって、音楽やビデオ映像など視聴覚を駆使し、ゲーム感覚も入れた授業が展開されていました。しかし担当教師に話を聞くと、英語を教えることができる教員数の不足という問題を慢性的に抱えており、また初等学校では「楽しく英語を学ぶ」ことや英会話に力点が置かれているのに対し、中学校での英語は受験英語にならざるを得ないため、そのギャップを埋められず、英語嫌いになる生徒が出ているといいます。逆に受験英語習得のために学院（塾や予備校）に通う小学生たちにとっては、初等学校の英語は物足りない授業になっているとも聞きました。小中両方の教員が、初等学校での英語教育の必要性に懐疑的だと語るのもわかる気がします。

各家庭の教育費の割合からも、親の過熱ぶりが窺えます。『朝日新聞』（二〇〇九年十一月五日）によると、二〇〇八年の支出は、二〇〇一年比で約二倍増（約一兆六千億円）、しかも不景気だった二〇〇八年でも前年より約4％増えているそうです。まさに韓国では、教育への投資は聖域と化しているのです。

塾や習い事への参加率は、初等学校が88・8％、中学校74・6％、高等学校55・0％で、平均すると75％もの割合で学校以外の教育を受けていると、『中央日報』（二〇一一年二月六日）は、韓国の教育科学技術部と統計庁が発表した「二〇〇九年　私教育費調査結果」をもとに報じています。さらに、韓国教育開発院が公開した「幼児の私教育の実態と影響の分析」によると、二〇一〇年に、満三歳以上就学前の幼児二五二七世帯を対象に調査したところ、私教育の参加率は、実に99・8％だったと報告されています。この私教育とは、学習や家庭教師、幼稚園や保育所などで課外活動として行われている英語や芸術教室などへの、いわゆる二重の教育参加をいいます。

星槎大学の金泰勲准教授は、韓国の子供たちの英語学習開始時期は満四〜七歳からだろう[2]と、調査をもとに推定しています。

教育熱心なオモニ

韓国の母親たちが、いかに教育熱心であるかを表現した言葉に「チマパラム」があります。「チマ」はスカート、「パラム」は風という意味で、スカートを風に翻しながら子どものために走り回っている母を称しているのです。

世界で名の通った大学に通って欲しい母親の割合

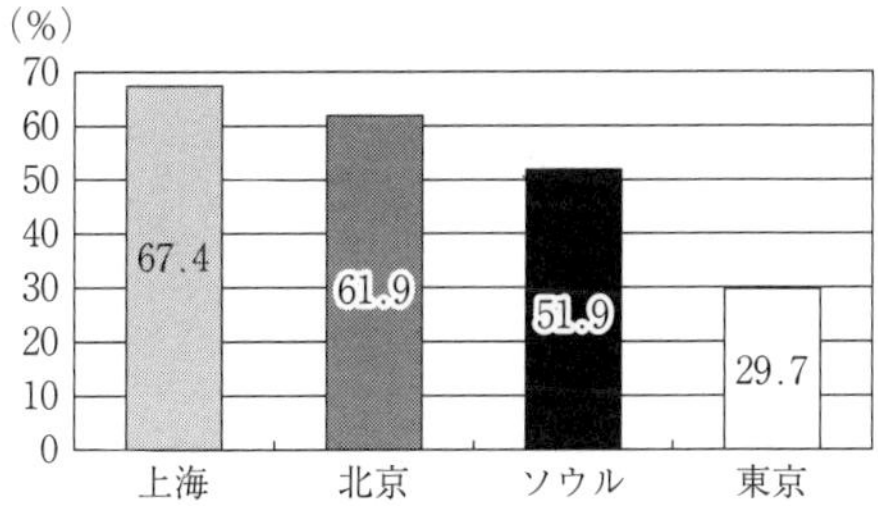

ベネッセ次世代教育研究所調査報告データから作成

ベネッセ次世代教育研究所が二〇一〇年の二月から五月にかけて、東京・ソウル・北京・上海・台北で行った「幼児の生活アンケート・東アジア五都市調査２０１０」によると、最も高学歴志向が強いのは上海や北京等中国の母親ですが、本書で比較検討している韓国と日本に絞って見ると、グラフのように東京の母親に比べ、格段にオモニの方が強いことが分かります。

具体的には、「孟母三遷之教」のように、教育水準が高く優秀な成績の子どもが多い江南地域への移住や母子一緒に海外語学留学するケースも多々みられます。韓国語で父親のことを「アッパ」といいますが、我が子の教育のため一人住まいをしている父親を、鳥にたとえて次のように呼んでいます。経済的に裕福で、いつでも海外に留学させている妻子のもとへ会いに行くことができる父親を「鷲《トックソリ》アッパ」、留学している妻子のところへ一年に一～二度出かけて行く父親を「雁《キロギ》アッパ」、ゆとりがなく飛んで行けないお父さんは、「ペンギンアッパ」、さらに海外へ留学させる経済力はないため、江南地域に妻子だけ住まわせている父親を「雀《チャムセ》アッパ」と呼び分けているそうです。これらの呼称に、子どもの教育のため孤独と闘いながら送金を続ける父親の悲惨な状況がよく現されています。

教育環境を整えることはもとより、我が子に目を掛けてもらおうと先生に寸志を渡す風習や、スヌンで少しでも良い成績を収めることができるよう母親が百日祈願をするという話には、子のため「チマパラム」する熱い思いを感じます。まだ一歳にもならない子に家庭教師をつけたり、「パルガンペン」という添削教員の訪問付き学習誌や教材が販売されていることを見ても、親の需要が多分にあることは明白です。

先述したように、スヌンの得点に子の人生がかかっている現実を思うと、必死になるのも頷けるのですが、オモニたちがなぜこれほどまでに子の教育に心血を注ぐのか、その理由を探るとき、背景にある悪しき儒教社会の影響を抜きに語ることはできません。

儒教思想に潜む負の面

儒教というと、親や年上の人を尊ぶ儀礼を重んじた印象をまず想起しますが、一方で韓国においては、家父長制による男尊女卑や封建的身分差別のもと、服従と隷属を強い、自我の確立を失わせてきた側面も併せ持っています。儒教知識人である両班階層が、長年にわたって身分差別、身内偏愛、職業差別、そして女性蔑視というおぞましい弊害を生みだしてきたのです。家父長制度や女性蔑視について、韓国の高等学校用国民倫理の教科書（一九七一年発行）に次のように説明されています。

一つの家族内部においての儒学的伝統の因習は、家長中心、ないしは父子中心の縦の関係の道徳は打ち立てたが、夫婦中心、婦女尊重などの横の関係の道徳は発達させられなかった。すなわち家長や長男となりえない子女たちの人格、男性ではない女性の権利は無視された。特に嫁入りした家での嫁は面倒な冠婚葬祭の礼のために一年中休息の日は稀であった。

また訓戒書の『女四書』巻二『女論語』訓男女章[3]には

……女子は深閨に処し、外出は少なくし、来いと言われたら来、行けと言われたら行くと記述されています。女性たちに人権というものが無かったのはいうまでもなく、女性たちを洗脳し抑え込んできた底知れぬ男尊女卑社会であったことが明白です。人権問題に詳しい李修京氏は、「韓国の教育事情」（『季論』21、二〇〇九冬）で

> 女性による女性（嫁・娘）への差別も増大し、男性の子孫繁栄への役割の中で生じる不条理な女性卑下（一例として女は生涯を通して父・夫・長男しか従うことができないという三従之道が徳目とされた）も蔓延するようになった。（中略）男性に好都合に培われてきた儒教意識と男尊女卑に便乗した女性の〝耐えて凌ぐ『女必従夫』の美しさ〟が長い歴史を通して社会に根強く影響され、社会を超えた世界の弊害にもなっている。

と述べ、決してこの弊害は過去のこととは言い切れないと指摘します。

家族社会学を研究する金香男氏[4]は、「非血縁者がいくら誠実で、いくら長期間家族共同体に奉仕しても、家（집）の構成員にはならない」、「女性は男の子を出産することによって子の血縁者となり、血縁の原理において女性は母としての地位を持つことになる」と述べています。また男性優位の家父長制に通底している「男児好選」慣習により、儒教文化がまだ色濃く残る慶尚南道地域では、二〇〇五年の調査でも出生性比の歪みが顕著だと、分析しています。

女性たちは、暗澹たる男尊女卑社会で息を潜めて生き、妊娠しても医療技術の進歩によって女児とわかれば堕胎というおぞましい経験を幾度となく見聞きし、涙してきたに違いありません。

そこで血縁の無い婚家で奴隷のような状態から脱出するために、母親たちは自分の血を分けた子どもを多く産み、その子どもらの出世によって、自分の地位を上げ社会的評価や発言権を得ようとしたのです。文化社会学者の趙恵貞氏も『韓国社会とジェンダー』（法政大学出版局、二〇〇二年）で、「当時の女性の攻撃性は、母としての役割と関係して表出される場合は許され奨励された」、また「女性は厳しい婚家暮らしに堪え続けなければならず、特に自分の過去から断絶したまま一人不慣れな婚家で生き残らなければならなかった。それだけに女性は強い気質を備えるようになった」と述べています。趙恵貞氏の記述中に「自分の過去から断絶したまま」という表現があります。これは「出嫁外人」、分かりやすくいうと「嫁いだ娘は他人」という通念を意味しているものと思われます。女性たちは、実家からも嫁ぎ先からも他人と見なされ、孤独感に苛まれつつ、血のつながった息子が苦境から救い出してくれるまで耐えてきたのです。

つまり、韓国の母親の強さや「チマパラム」は、子の栄達をもって我が身のアイデンティティを確立するしかなかった苦渋の歴史が培ったものなのです。数世紀にもわたり連綿と受け継がれてきた儒教意識は、現代の社会組織に浸透しているのはもちろんのこと、国民一人一人に刷り込まれ、いまだにそれが弊害となっているのです。盧武鉉政権が積極的に取り組んだ国政課題が、五大差別（学歴・地域・女性、障害者、外国人労働者）是正だったということからも、家父長制や身分制度を軸とした負の通念が、縦横に張り巡らされていたことを推測できます。

賢母良妻を強要された女性たち

評論家の芹沢俊介氏は、『母という暴力』（春秋社、二〇〇五年）で、日本において「良妻賢母」が女性の天職にされたのは、文部大臣である森有礼が一八八五年に全国の女学校に配布した「生徒指導方要項」に盛り込んだ女子教育からだと述べています。「絶対的な愛国心を子どもに植え付ける教育者としての母、そのように教育した子どもを国家に捧げる母」にするための「賢母教育」だったと指摘しているのです。開国以降、日本は国家として早急に自立するために、良妻賢母イデオロギーの中に、家長である天皇に我が子を差し出すことも潔しとする母親観を国家戦略的に刷り込ませたのです。

そして当時日本の圧制下にあった朝鮮にも、この良妻賢母イデオロギーを広めるために画策しました。趙恵貞氏は、「十九世紀末に日本の明治政権が創り出した良妻賢母イデオロギーは、朝鮮では『賢母良妻』という言葉で入ってきた」また「日本の植民地時代を経て形成された賢母良妻イデオロギー」[5]と述べています。家父長制や女性問題を研究する申栄淑氏は、日本帝国主義の総力戦体制の強化により「賢母良妻」の保守性がさらに強調され、国家による主導で女性自らがその抑圧を自覚できないほどまでに内面化されたと指摘しています。李熒娘氏は、日露戦争後、日本の保護政治がはじまると、「家庭教育の担当者」「家庭の運営者」としての妻、そして経済活動者としての女性像が求められ、また教育する「国民の母」として位置づけの下で賢母良妻の女性教育がなされたと説いています。[6] つまり日本帝国主義の政治的策略だけではなく、朝鮮国内での社会状況もこのイデオロギーが拡散されていくことに関係していたのです。趙恵貞氏もまた、植民地時代以降、朝鮮戦争を経た混乱期を通し、男性に対する実際的期待値が低下するとともに、家族の生存ために財産運用など経済的活動を担わなければならなかった女性たちが、絶対的使命感をもって、夫や子供を支えてきた母親中心家族と論じています。

「賢母良妻」は、植民地時代に日本から「入ってきた」などという表現ではなまやさしく、趙恵貞・李熒娘・中栄淑氏らのいうように、政治的に統治する手段として意図的に使われた言葉だったに違いありません。しかし、むしろ朝鮮時代からの男尊女卑社会で血縁の無い嫁たちが、母としてアイデンティティを獲得するために取った方策が「賢母イデオロギー」であったとも考えられます。自分の腹を痛めた子ども、血のつながった真の家族にだからこそ、厳しく教育もし、わが身を犠牲にしてまで子どもに尽くすこともできる「賢母」となり得るのです。近代以前の儒教社会において、理不尽にも要求され続けてきた女性像「無知な女性」「盲従する女性」からの脱却を求めつつも、実は女性たち自ら無意識のうちにそれにからめ取られていたともいえるのではないでしょうか。そして男尊女卑に喘ぎつつも刷り込まれた観念を払拭できず、女性同士でもそれを押しつけあってきたのです。戦争中の日本で、国家に利用され踊らされていたとはいえ、「軍国の母」として耐え忍ぶことこそ「賢母」であると、母親たちが無意識のうちに相互に縛りを掛け合っていたことと通じているところがあるように思えてなりません。

この重い歴史を持つ「賢母良妻イデオロギー」は、李熒娘氏によると「日本や中国と異なり一九九〇年代半ばまで社会全般に肯定的に受けとめられており、韓国の典型的な女性像として位置づけられていた」というのです。一九九〇年代半ばということは、二〇一一年現在で考えると、ほんの一五年程前までです。つまり「賢母良妻イデオロギー」に変化をもたらした母親たちは、一九六〇年前後に生まれた、二〇一一年現在で五〇歳前後と考えられます。二〇〇九年に訪問したソウル市内にある私立幼稚園の園長は、園長と同世代以降の家庭に息子や娘夫婦と別居している核家族が多いのは、家や伝統行事に縛られてきた自分たちの苦労を次の世代の嫁たちに負わせたくないからだと語ってくれました。この世代の女性たちがどのような社会環境の中で育ち、教育を受けていたのかについては、次の趙恵貞氏の文章（筆者による要約）が理解の助けとなることでしょう。

比較的裕福な階層が増加した時期に、教育を受けた両親が造り上げた核家族的な雰囲気の中で育ち、急激な経済成長を記録した一九七五年前後に中等教育を受け、女子大生比率が著しく高まった年代以降、大学に通った女性たちである。また彼女らが社会人として活躍し始めた頃は、女性の専門進出がかなり認知されるようになり、男女平等運動が現実的に意味を持って韓国社会に根を下ろし始めた時代であった。

ほとんどの女性たちは、日本からの圧迫や解放、朝鮮戦争、四・一九革命などを肌で感じることができず、両親の保護のもと、都市的環境で大事に育てられてきた。これは、その前の世代が持っていた伝統的・女性的気質の断絶の可能性を意味する。

（『韓国社会とジェンダー』法政大学出版局、二〇〇二年）

変わる現代の女性たち

一九九六年、経済開発協力機構（ＯＥＣＤ）に加入し、12％を超えるほどの経済成長率を遂げてきた韓国は、世界との異文化交流により、先述した賢母良妻イデオロギーや儒教文化をも大きく揺るがし始めました。

次頁のグラフは韓国統計庁資料より作成したものですが、二〇〇〇年以降離婚件数が急増しています。この現象について李修京氏は「女性の能力を認知することを求める社会活動が行われる中で、儒教的制約も崩れ出し、終身一夫家庭の保持を美徳とされた既存の女性の意識が急変して

離婚件数推移

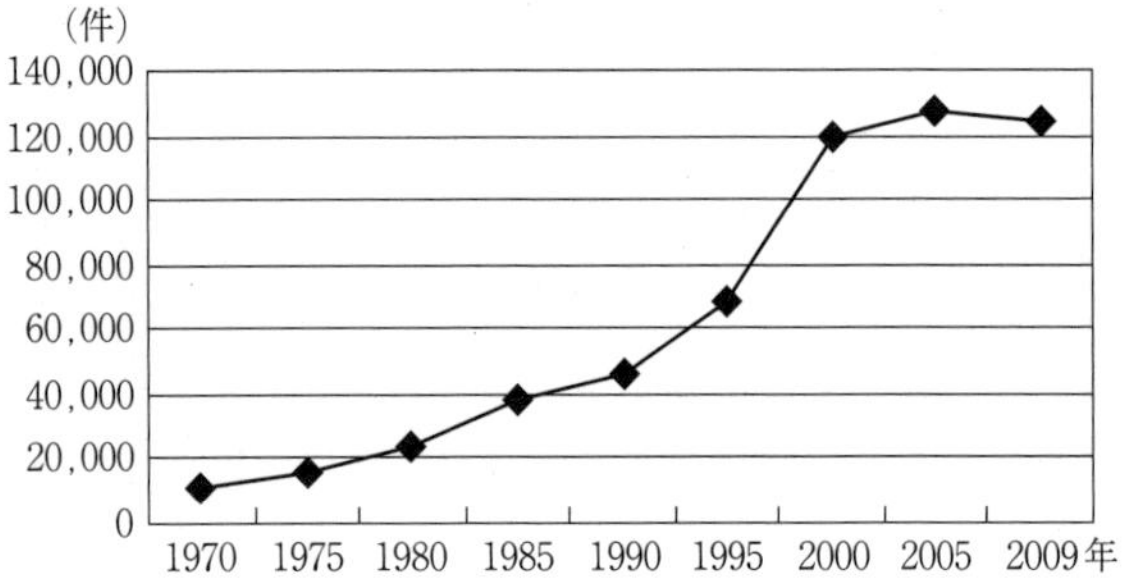

韓国統計庁データより作成

きている」（『この一冊でわかる韓国語と韓国文化』明石書店、二〇〇五年）と述べています。今まで男尊女卑のもと声を挙げることがなかった女性たちが、「家」という呪縛を、自ら切り捨てる行動に出ていることが、離婚件数の増加からも見て取れます。

　さらに女性たちは、力を結集し悪しき慣習や制度の是正に動き出し、戸主制廃止を勝ち取っています。この運動は九〇年代後半以降、女性運動団体が推進してきた最大のもので、一九九七年三月九日に開かれた韓国女性大会における「父母姓併記運動」です。この目的を現代韓国情勢に詳しい春木育美氏は「父系と父姓で維持される父系血統という家父長制を打破するため、母親の姓をも名乗ることで父母の両者に同じ比重を置く両姓平等化を通じ、男児選好の根元となっている戸主制に対する問題提起を行う」（『現代韓国と女性』新幹社、二〇〇五年）と捉えています。二〇〇五年二月三日に、憲法裁判所において「父を中心に家を編制する戸主制は、家族生活での個人の尊厳と男女平等を規定している憲法に違反する」と認められ、二〇〇五年三月二日には国会本会議で戸主制の廃止を柱とする民法改正案が可決され、二〇〇八年一月から施行されました。戸主制度から解放された女性たちは、「家」に縛られず、人生を自らの手で彩る自由をようやく手にしたのです。

基本単位が「家族」から「個人」に変わることで、「戸主」や「家」の概念は解体され、男性戸主を優遇する各種社会的制度が変更されることになります。以前のように父方、つまり男性側の「家」に必ずしも入籍する必要がなくなりました。戸主制度廃止後も原則的に父親の姓と本貫(同一父系氏族集団の発祥地名)を継承するのですが、夫婦の同意があれば、母方の姓と本貫を継承することができるようになりました。また離婚・再婚した母親と一緒に生活する子供の場合、今までは母親と姓が異なったのですが、裁判所の許可を得て姓を変えることができるようにもなりました。

結婚観についても変化が見られます。韓国保険社会研究院の調査(二〇〇三年)で、「必ず結婚するべき」「結婚はしたほうがよい」と答えた男性は78・1%だったのに対し、女性は56・9%だったという結果が出ました。それに対し、春木育美氏は、「近年、女性の高学歴化とともに、結婚や出産よりも就業を優先する傾向が強まり、二〇代の就業率は急速に上昇している」「結婚後も働く女性は増加しているが、結婚後の家事や育児といった家族のケアの責任は女性にのしかかっており、家庭内では性別役割分担規範が強く残っている。親族とのつきあいに割かれる時間

男女別大学進学率

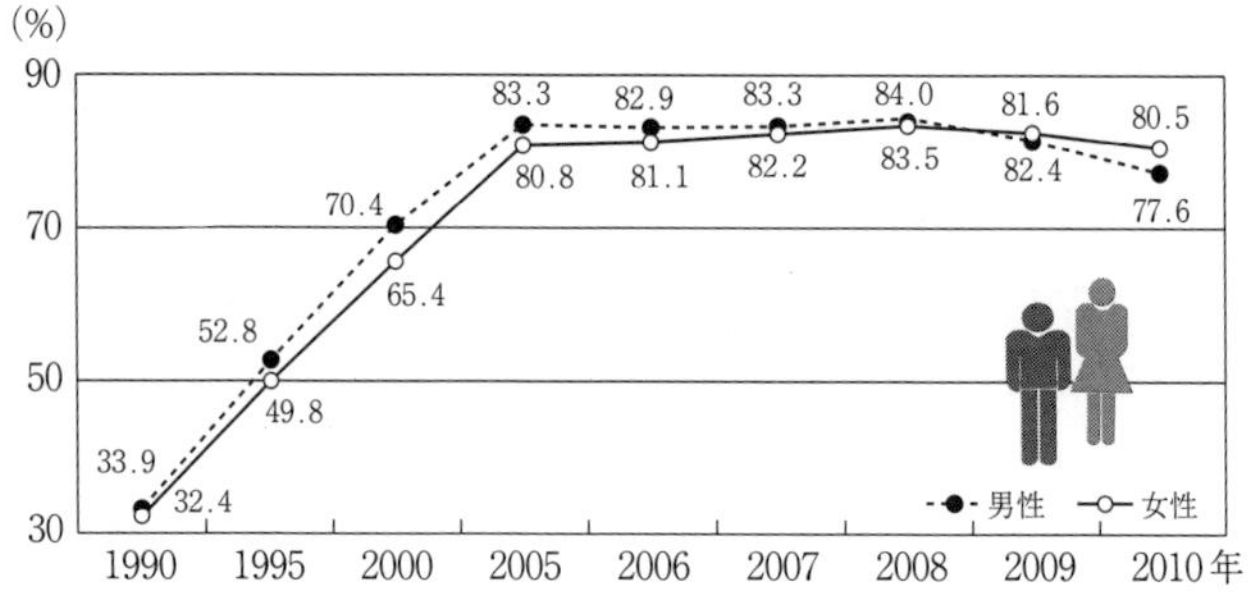

2010年韓国社会指標より転載

も多い」と分析しています。二〇〇三年現在でもこの数値です。戸主制廃止後の最新のデータとしては、韓国社会統計局が発表した「二〇一〇年社会調査統計」(二〇一〇年五月実施)があります。これによると、結婚を望む男性が62・6%、女性の方は46・8%でした。男女ともに二〇〇三年調査より10%以上の低下が見られるということになります。家父長制度が崩れたことで、「家族」よりも個々のライフプランを優先する傾向がはっきりと現れてきたといえるでしょう。

筆者は、二〇〇八年夏にソウル市立大学で開かれた短期研修に参加した折、「家」「家族」の単位が「個人」に置き換わり、儒教思想が音を立ててガラガラと崩れ落ちていると評する声を複数の大学教授から聞きました。もちろんいうまでもなく良し悪し両面での崩壊ということです。

二〇一一年三月に発表された韓国社会指標によると、二〇〇九年に女性の大学進学率が82・4%にも昇り、ついに男性の進学率を超えました。グラフは男女別の大学進学率を表したものですが、一九九〇年の32・4％から二〇〇五年にかけて飛躍的な増加を見せています。それに伴い女性の高学歴化や女性の社会進出が盛んになりました。ところが儒教思想の負の面である男尊女卑がまだ現代韓国社会に根強く残っているため、高学歴を得た女性たちに、力を発揮できるポジションが用意されていないとも聞きました。

社会現象として晩婚化や未婚、また少子化や核家族化など家族形成にも影響が見られます。少子化についていえば、朴正煕時代の人口増加抑制施策もあり、二〇〇一年以降出生率は低下し続け、二〇〇五年には1・08にまで落ち込んだ合計特殊出産率は、統計庁（二〇一一年二月発表）によると、二〇一〇年度1・22と回復を見せてはいますが、まだまだ未来の社会を支えるには不十分な数値です。子孫を残すことは「孝」の教えであったはずです。その点からしても明らかに儒教思想意識の低下が窺えるといえるでしょう。

また高齢化社会への影響も考えられます。「高齢化社会」というのは、総人口に占める65歳以上の人口の割合が7％を超えた段階をいいますが、韓国が「高齢化社会」に突入したのは、二〇〇〇年です。総人口に占める六五歳以上の人口の割合が14％となる「超高齢化社会」に、高齢化率が7％を超えてから日本は二四年、スウェーデンは八五年、韓国は一七年で到達すると推測されています。恐ろしいほどのスピードで日本も韓国も「超高齢化社会」へと突き進んでいるのです。

結婚すれば「百年偕老」、つまり老いるまで仲むつまじく共に長生きし、そして親を支えるのが子であり嫁たちでした。ところが老いた両親の生計について、韓国統計庁による「二〇一〇年社会調査結果」では、家族と政府社会が共同で責任を負うべきとする比重が、二〇〇二年では18・2%だったものが、47・4%へと大幅に増加し、逆に「家族が老親の面倒を見るべき」に対する回答が、70・7%から36・0%にまで落ち込んだと報告しています。まさにこれらの数値もまた、親を尊ぶ儒教社会の瓦解を示しているといえるでしょう。

受け継がれている厳しい躾

韓国社会では、親や年長者の前で煙草を吸わないのはもちろんのこと、お酒を飲むときも面と向かわず少し顔を背けて杯を乾すのが、今でも礼儀とされています。一四世紀末の朝鮮王朝以降、仁義礼智信を重んじ親や年長者への孝を説く儒教思想を政治理念として根付かせてきたことが、連綿と受け継がれているのです。親や年長者を敬う心や礼儀などの躾けは、親から子へしっかりと伝わっていることを、本書のアンケート結果から窺い知ることができます。また韓国からの留学生たちや中国の朝鮮族の留学生から、小さい頃、悪さをしたり約束を守らなかったときには、親からよく鞭で打たれたという話や、親に頼まれた用事をこなすと、親は労いや感謝の言葉をかけてくれるが、子どもは「とんでもありません、当たり前のことをしただけです」という趣旨の言葉を必ず返すという話を聞きました。

どの家にも、そして学校にも「회초리《フェチョリ》（鞭）」があったといいます。二〇〇九年にソウル市内の初等学校に勤務する教師や、休職し東京学芸大学に留学生としてきていた現職の初等学校や中学校の教師たちに、学校での体罰について聞いたところ、韓国では数年前までは体罰が容認されていたそうです。今は一応禁止されているのですが、それでも何をもって体罰と称すかの基準は、日本に比べかなり緩やかなようです。例えば以前は竹刀や物差しで打ったそうですが、今は規定サイズの「フェチョリ」ならば、体罰にならないというのです。そのサイズや体罰の規定については、行政によっても異なると聞きました。それでも昨今は体罰に反対する親が増えたこともあり、年度始めのクラス懇談会の際に「教育には体罰が必要であると思うが、我が子への体罰を認めない親は申し出て欲しい。しかしその場合、躾への責任は持たない」と断りを入れる教師もいるそうです。

日本では、軽く叩くことはもちろんのこと立たせることも体罰と見なされ、また昨今のモンスターペアレント現象もあり、厳しく叱責するどころか頭に手を置くことすら、教師たちは怖々行っているのが現状です。親や教育委員会の顔色を窺い、精神的に病み休職する教員の増加が、日本では社会問題となっています。埼玉県の女性教師が、いわれなき抗議を保護者から執拗に受け不眠症になったとして、当該保護者を提訴した日本で初めての事例が報道されたことは、記憶に新しいところです（『朝日新聞』二〇一一年一月十八日）。

さらに日本ではごく当たり前のサービス残業が、韓国の初等学校の教育現場にはほとんどありません。過熱教育国ですが、教師の役割はあくまでも決められた就業時間内での教育で、放課後に組まれている補習の業務は、正規教員以外に依託されている学校が多く、定時退勤が崩れることはほとんどないそうです。そういうこともあってか、初等学校の先生は、職として人気が高く、結婚相手としても好条件だといいます。

ソウル市内の初等学校を見学しましたが、授業時間はもちろんのこと休み時間や給食の時間に、日本のように子供たちが教師を取り囲み、馴れ馴れしく絡んでいる姿を見かけることはありませんでした。教師に話しかける場面では、どの生徒も姿勢を正し、教師に一目置いていると感じられました。教えを請う人への敬意が自然と身についているのでしょう。

二〇〇八年十月と十二月にソウル市内の二つの初等学校で、六年生を対象として行った早期英語教育の実態調査（筆者を含む共同研究）[7]で、「最後に教育および英語教育に対してご両親にしたい話があれば、簡単に書いて下さい」と自由記述の欄を設けたところ、どちらの学校も約50％の生徒が、親への感謝の気持ちや前向きな勉強意欲を感じさせる言葉を綴っていました。果たして日本で同じ質問をしたら、どんな結果が出るのでしょうか。

学校を休まない韓国の小学生たち

実は、二〇〇九年に韓国と日本でアンケートを実施しようと計画した際、高学歴至上主義の韓国では、勉強！　勉強！　と尻を叩かれ、不登校者の数が多いに違いないと予想を立てました。実際に二〇〇八年に共同研究で行った韓国の教育状況調査では、小学六年生の七割が平日二～三時間、三割が毎日四時間以上勉強していると答えています。因みにベネッセコーポレーションが二〇〇六年から〇七年にかけて行った「学習基本調査・国際六都市調査」でも、同じような結果が出ています。平日三時間以上学習している小学生の割合は、ソウル（44・3％）、北京（31・4％）、東京（23・5％）、ロンドン（11・0％）、ヘルシンキ（10・3％）、ワシントンＤＣ（5・8％）だというのです。

これほど勉強漬けの毎日で、親の期待を受けさぞかしストレスを抱え、親に反発していることかと思いますが、調査をしてみると、親に口答えをする率は日本の方が高いのです。さらに驚くことに、第一章で既に述べたように、小学校を心理的理由によって欠席した子どもの数は、日本では回収数四〇一中四一名いたのに対し、韓国では回収数二六三のうち僅か二名しかいなかったのです。１％にも満たないという驚くべき数値です。

二〇〇九年九月に訪問したソウル市内の初等学校で、日本への留学経験をもつ教員から、韓国の子どもや親は、学校を休むことを避ける傾向が強いと聞きました。例え病気で休む場合も、よほど高熱でない限り学校へ行き、教師に断ってから病院へ向かう子が多いというのです。そこで韓国における「不登校者数」「引きこもり者数」の統計資料を求めて、ソウル市内にある国立図書館へ出向いてきました。しかし図書館の職員に探してもらったところ、韓国統計部にはその手の資料はないというのです。また同年三月まで東京学芸大学大学院で心理学の研究を行った金慧昤氏（現在ソウル市内初等学校教師）の話では、修士論文執筆のために資料を探したものの、韓国では実態把握のための全国的ないじめに関する調査も実施されておらず、メンタル面でのケアは、日本に比べ極めて劣っていることが明確になったそうです。しかし陰湿ないじめは韓国でもあり、教師としていくつもの心痛む事例を経験してきたとも語ってくれました。

高学歴志向の軋轢の中で、韓国の子どもたちが疲弊していないはずはないわけで、筆者によるアンケートの結果でも、韓国の子どもたちの方が日本よりも著しく「できれば学校を休みたい」願望が強いことは明らかになっています。しかし実際には「休む」という行動を韓国の小学生は取っていないのです。筆者は敢えて「小学生」と記しました。というのは、韓国では、中学校へ通わない選択をした生徒たちもいますし、高等学校中退生たちは決して少ないからです。

「辞退生」と称する子供たち

韓国には、画一化された名門大学入学を目標とする学校教育路線から抜け出した子女たちのために、「代案学校」と呼ばれる学校が存在しています。（下線「抜け出した」には、自ら学校を辞めたという意味を含む）。

イ・キムン氏の研究[8]によると、二〇〇一年現在の一～二年間で一〇校あまりの代案学校が門戸を開いたといいます。このような学校が生まれる背景や実情について、次のように説明しています。

> 代案学校を探す父兄や学生たちは名門大学入学を至上課題に定めない。画一化された学校教育から抜け出した子女に「価値ある教育」を受けさせたいだけだ。代案学校は、このような社会的要求の反映だ。人間の顔がある学校、自然と人間の共存共同体を考える寛容、人間的規模の小さい学校。一つの学年団は二〇人前後の代案学校は、教室脱出の授業を通した体験学習を中心に、それぞれ固有な教育目標と特性を挙げている。（筆者訳）

二〇〇八年夏に、代案学校のＨＡＪＡセンター[9]や野の花

HAJA センター

筆者撮影

野の花の青少年センター

筆者撮影

の青少年センター[10]に足を運び、不登校の学生たちや彼らをサポートする人たちから、直接話を聞いてきました。日本では、NPO法人東京シューレ[11]やNPO法人ニュースタート[12]などの不登校や引きこもり支援施設を訪問し、また数々のシンポジウムにも参加するなかで、スタッフや識学者、不登校や引きこもりの当事者たち、そして当事者の親たちからも直接情報を得ることができました。それらの経験を通して、韓国の不登校者らは、日本で不登校状態にある子どもたちとかけ離れた明るさや強さを持っていることを確信したのです。

その理由の一つとして、韓国の不登校生は「行きたくないから辞めた」と主張し、自らを「辞退生」と称することが挙げられるでしょう。学校中途脱落青少年について研究しているキム・ヘヨン氏は、非行や学力不足で学校側から退学を余儀なくされた生徒を「짤린 아이（切り捨てられた子ども）」、自ら退学した生徒を「때려친 아이（辞退生）」と、二つの類型に分け、彼らの世界や生活、親との関係などについて考察し、辞退生の性格は主観が明確で意志が固いと述べています[13]。このキム・ヘヨン観は、筆者が韓国で出会った辞退生の印象と合致します。

なお、キム・ヘヨン氏の研究対象は満一四歳以上の子どもたちですが、野の花の青少年センターでは一二歳から、ＨＡＪＡセンターでは一三歳から受け入れている事実からも、中学生の「辞退生」が韓国には存在するといえるでしょう。むろん義務教育のため、籍は公教育機関の中学校にあるのですが、代案学校のスタッフから聞いた話では、中学校の教師は学校へ出てくるよう強く指導することはなく、本人の意志が尊重されているのだそうです。

彼らの中には、スヌン（修学能力試験）を受け大学へ進む子もいれば、芸術や技術の世界で個性を開かせる子もいます。写真は、廃物を利用して自分たちで作った楽器を演奏しているところです。若者の左側に見える並んだパイプも楽器の一つです。これらのユニークな楽器を持って、海外へも演奏旅行に出かけており、日本にも毎年のように行っていると語ってくれました。

HAJA センター

筆者撮影

センターで出会った子供たちや若者の表情の輝きが、非常に強く印象に残っています。進むべき道を自分で選び、努力を重ね、自立心と自信に溢れているのです。筆者自身長年にわたり教師として悩み苦しんでいる多くの不登校者たちと向き合ってきただけに、彼らの明るさや前向きな姿勢は、正直なところ驚きですらありました。

しかし彼らの自立心がもともと旺盛だったわけでは決してなく、彼らをサポートする仕組みがあるからアウトローな生き方に踏み切れるということが、センターの職員から話を聞く中で分かってきたのです。

HAJAセンターも野の花の青少年センターも、講義や会議をする教室だけではなく、イベントを開催できる広いホールや食堂、ビデオや音楽編集の機材設備がある防音室など、立派な建物を有し、職員も大勢働いていました。HAJAセンターは、ソウル市が延世大学に運営を委託している施設ですが、野の花の青少年センターは、キリスト教の宗教団体が後援しており、運営方法が異なります。後者は、一九九四年に施設長のキム・ヒョンス牧師らが、親の保護を受けられない児童や青少年を数人ずつ一般家庭に住まわせて養育したのが始まりだそうです。施設長夫妻は、今でも数名の女の子を自宅に住まわせ支援しています。ソウル市内では比較的低所得の人たちが住む地域にあるご自宅にお邪魔し、その子供たちが使っている部屋なども拝見しましたが、家族の一員として大事に接していることがよく分かりました。こうしたホームスティ形式も含め、野の花の青少年センターが運営しているグループホームは、一二箇所（二〇〇九年現在）あります。センターでは、子どもたちを指導する人々や食事の世話をする人以外に、運営資金を援助してもらうため各企業に働きかける部署、学校や公的機関と連携を取り合う部署、広報担当など各部署に分かれ、どの部署にも複数職員を配置し運営が行われています。韓国にはこのような宗教団体が支援する施設や機関が他にも存在します。

それに比べて日本はどうかというと、公的機関として学校内に相談室を設けている自治体は多くありますが、教室に入れない子どもの一時的な居場所や相談窓口の域を超えるものではありません。不登校の私的支援機関としては、ＮＰＯ法人東京シューレがグループホームやフリースクール、中学校を運営している以外では、子どもを通わせている親たちのボランティアなどで細々と支えているのが現状です。第四章で、日本の不登校者数が増加している問題について考えます。

1. 後藤理子「現代韓国社会と早期英語教育」東京学芸大学修士論文、二〇一一年三月。
2. 特別寄稿論文『韓国における小学校英語の成果と課題』Benesse 教育開発センター、二〇〇七年。
3. 李熒娘「近代移行期における朝鮮の女性教育論」『東アジアの国民国家形成とジェンダー女性像をめぐって』青木書店、二〇〇七年、再引用。
4. 伊藤公雄・春木育美・金香男編『現代韓国の家族政策』行路社、二〇一〇年。
5. 上野千鶴子・趙韓恵浄《ママ》『韓日フェミニスト往復書簡　ことばは届くか』岩波書店、二〇〇四年。
6. 前掲「近代移行期における朝鮮の女性教育論」。

7. 李修京・熊田洋子・柳基憲・後藤理子「韓国に過熱する早期英語教育」『東京学芸大学紀要』第61、二〇一〇年。
8. 이기문『새로운 교육 풍경(新しい教育風景)』二〇〇一年。
9. 『Seoul Yoiuth Factory of Alternative Culture』
一九九九年十二月設立。勤労青年少年会館を改築し、ソウル市から延世大学が事業受託する形で運営。費用はソウル市からの運営委託費でほぼまかなわれている。一三歳~二四歳の約百人ほどが通所している。芸術や情報技術など特殊技能を高めるプログラムが多数用意されており、参加者の意志を重視し、時間をかけて進むべき道を選択する方法を採っている。高等学校は退学しても、ここから大学へ進学する子もいる。また廃材を使った楽器を創作し、それらを使った演奏を海外各地で行うなど幅広い活動を行っている。
10. 「野の花の青少年センター」一二歳~一八歳の家庭崩壊や経済的理由で中退した青少年たちのために一二~一三年前に設立。一四年前に寝食を共にしながら支援するグループホームをまず設立し、辞退生や不登校者のための学校も運営している。企業などの寄付によって運営が支えられている。ソウルに二箇所,安山に一〇箇所ある。
11. フリースクール。シュタイナーの子ども中心の教育理念に基づき一九八五年活動開始し一九九九年NPO法人になる。小学校一年生~二〇歳まで約一五〇名が通っている。代表は奥地圭子。関東圏内に四カ所フリースクールを運営。教育特区制度を活かした葛飾中学校を二〇〇七年開校。ホームシューレ(自宅で勉強)を全国展開。また東京シューレ大学を運営。このシューレ大学は一八歳以上であれば入学でき、何年でも在籍可。

12. 一九九四年活動開始し、一九九九年ＮＰＯ法人になる。代表は二神能基。千葉・山梨・フィリピン・イタリアなどに寮や仕事体験の場として保育園・ディケアサービスセンター・パン屋・喫茶店などを展開し、引きこもりニートの若者を支援。寮生活や仕事体験を通して、人間関係作りや社会との接点作りを援助している。

13. 김혜영『학교중도탈락 청소년의 삶과 문화（学校中途脱落青少年の人生と文化）』二〇〇五年。

第三章　母乳育児指導の歪《ゆが》み

科学や医学の発達によって、母乳やヒトの生育のメカニズムがかなり解き明かされてきましたが、乳児の成長過程になんら変化はありません。乳を飲み、排泄し、眠る、この繰り返しのみです。しかしその育児方法はというと、母乳の与え方・抱き方・寝かしつけ方・夜泣きの対応・おしゃぶりの扱いなど、国や地域により、また習慣や住環境、そして時代によっても異なります。カナダ北部に居住するイヌイットの母親たちは、二・三歳どころかもっと長期にわたって母乳育児をしているそうです。一方、フランスやイギリスでは何世紀もの間、産後すぐに子どもを里子に出すか、乳母の手によって育てるのが一般的だったといいます。

本章では、日本の育児状況や育児指導がどう変化してきたのか、そのことにより母親たちの現状はどうなっているのかを明らかにします。さらに特に長期母乳推奨指導に見える矛盾や、その指導により引き起こされている母親たちの苦悩を浮き彫りにします。

軽減された家事労働

電子レンジや全自動洗濯機が日本の各家庭に普及し出すのは、一九八〇年代後半、つまり今から約二五～三〇年前です。これらの家電製品によって家事労働が飛躍的に軽減されたことはいうまでもありません。また赤ちゃんの誕生前に一枚一枚縫って準備していた布オムツが、紙オムツに取って代わるのも、やはり約三〇年前からです。そして出かけるときや非常時用にとベビーフードなど調理加工食品が出回り始めたのもその頃でした。今では種類が豊富になり

生産統計

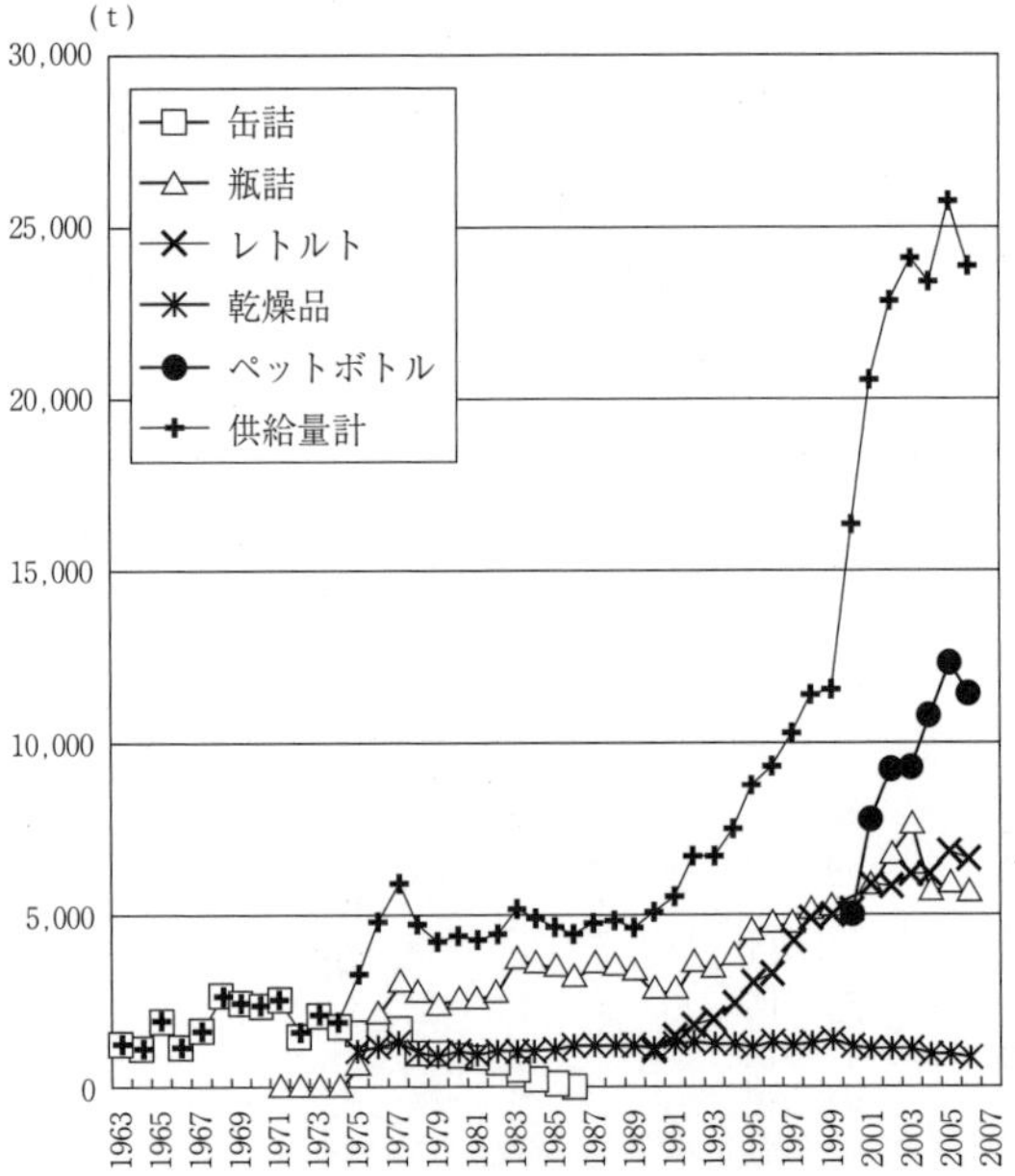

日本ベビーフード協議会 HP より転載

合計特殊出産率

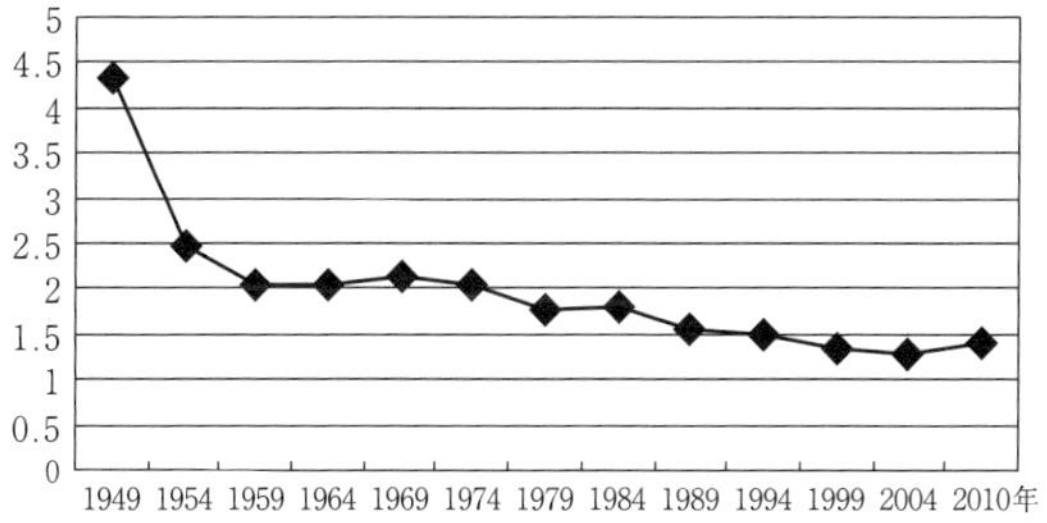

厚生省人口動態統計より作成

品質の上でも格段に進歩したため、日常的に調理加工食品を利用している母親は多いようです。前頁のグラフは、日本ベビーフード協議会のデータ「ベビーフード生産量の推移」です。同協議会の統計資料を見ると、一九八〇年前後では五千トンにも届かなかった供給量計が、二〇〇〇年には一万六千トンに、二〇〇五年では二万五千トンへと跳ね上がっています。なおグラフは、二〇〇七年で減少が見られますが、ホームページ上の最新データでは、二〇〇九年の供給量は三万一千トンと増加に転じています。生まれる赤ちゃんの数は減っているのに、この約三〇年間で約六倍にも供給量が増加しているのです。これらを見ても、家事や子育てに関わる労働が、格段に楽になっていることは明らかです。

　上記のグラフは、二〇一一年六月発表の厚生労働省人口動態統計データから作成したものです。二〇〇九年の合計特殊出生率は横ばい、一〇年は0・02ポイント上昇し1・39でした。しかし依然として厳しい少子化であることに変わりはありません。三〇年前の一九七九年には1・77、一九八四年に1・81という率を出しているものの、一九九四年以降は1・5を割り込んでいます。つまり約一五年前からは、一人っ子家庭の方が多いということになります。それは見方を変えると、育児にかける時間が少なくなっているということでもあります。

電子レンジどころか冷蔵庫すらない、また二層式の洗濯機でもあればまだしも、手で洗濯していた時代に子どもを何人も育てていた昔と比べれば、家事労働から解放され、子どもの数も減り、さぞかしのびのびと子育てしているものと想像しがちです。ところが驚くことに、育児負担を訴える母親が三〇年前より増えているという調査結果が出ているのです。筆者の行った調査結果（第一章参照）でも、韓国と比べ日本の母親の方が育児負担を訴えていることが明らかになっています。家事労働の合理化や効率化によって時間的ゆとりを持てるようになった母親たちが、なぜ子育てに負担を感じ、苛つきを覚えるのでしょうか。何が母親たちを追い込んでいるのでしょうか。

三倍に増えた苛つく母親

厚生労働省が出している平成十五年版白書の一つ「子どもをとりまく現状・課題」に、育児不安の実態を考察するため行った母親の意識調査結果が出ています。この調査は、加藤曜子氏が大阪府の一歳半健診時に全母親対象に行い、先行研究である大阪府の調査項目の一部と比較検討したものであると白書に記されています。それによると一九八一年調査では「子どもといるとイライラすることが多い」と答えた母親は10・8％でしたが、二〇〇〇年には30・1％にも増えています。実に約三倍という驚くべき増加です。反対に「いいえ」と否定の回答を寄せた母親は、46・8％から25・8％と約半分ほども減っています。

同類の調査としては、同省が二〇〇九年に行った「第八回21世紀出生児縦断調査」がありま す。子供を育てていて負担に思うことや悩みについての質問で、最も多かったのは「子育ての出費」ですが、二番目は、「気持ちに余裕をもって子どもに接することができない」という回答でした。

家事労働は軽減されているのに、育児負担感が増えた理由として、核家族化や早朝から夜遅くまで仕事に追われ、父親不在と称される現代の家族状況が母親を追い込んでいると捉えがちです。しかし「核家族化」という言葉が流行語となったのは、一九六三年のことですし、約三〇年前の一九八一年頃は経済成長を遂げたバブル期で、働き蜂と化した夫に育児援助を求められないという母親の悲鳴は、すでにその当時から出ていました。こうした育児協力欠如の不満やそれが及ぼす子育てへの影響について今も変わらず指摘され続けているのは、周知の通りです。

また母親自身が少産少子化時代に生き、子どもとの接触不足や育児経験不足であることを、子育てに苛つく理由とする人もいます。実際に厚生労働省の白書でもそう分析されています。しかし先述したように、約三〇年前の一九七九年の合計特殊出生率は1・77です。多産時代に生きた母親との比較で考えるのであれば、出生率が3・0を超えていた一九五一年以前に生まれた母親たちを対象とするべきです。一家庭に何人もの兄弟姉妹がいるのが普通だった団塊の世代以前と比べてこそ、母親の育ってきた環境の違いが子育てに影響しているといえるのではないでしょうか。すなわち三〇年前に子育てをしていた親たちもまた、戦前から現在までの大きな枠組みで考えたときには、「少産少子化時代に育った母親」という括りで捉えるべきなのです。

家族環境の問題でも母親の育ちの問題でもないとなれば、一九八一年に比べ三倍もイライラ感が増えたという、この急激な意識変化の原因はどこにあるのでしょうか。子育てに関わる何が母親を追い込んでいるのかを、追究し分析しなければなりません。育児負担感や苛立ちから母親を解放することが、子どもの育ちに良い影響を及ぼすことはいうまでもないことなのですから。

子どものためなら自己犠牲も！

先ほど挙げた厚生労働省による母親の意識調査結果以降との比較で、興味深い調査報告書があります。ベネッセ教育研究開発センターが公表している「第三回子育て生活基本調査（幼児版）」です。一九九七年、二〇〇三年、二〇〇八年と実施し、経年変化分析もしています。対象は基本的には首都圏の幼稚園児の保護者ですが、調査年度により小学一～二年生や保育園児も含まれています。先ほどの、一九八一年から二〇〇〇年までの約二〇年間で、子育てにイライラし育児負担を訴える母親が三倍にも増えたという調査報告と同じ土俵で考えるには、対象年齢も調査条件も違うため無理がありますが、このベネッセの調査では「子どものためには自分が犠牲になるのは仕方がない」と健気に頑張ろうとしているという数値が、九七年度24・2％から〇八年度では41・8％へと大幅に増加していることが報告されているのです。また「子どもが三歳くらいまでは母親が育てた方がよい」と考える母親の率は、〇八年度調査で57・9％もいるそうです。

自分らしい生き方を求めるより、自らを犠牲にしてでも子育てにかけようとする母親たちが増えている傾向が見えます。それにしても17・6ポイントもの上昇や、「子どもが三歳くらいまでは母親が育てた方がよい」と考える母親の高い数値には、驚きすら覚えてしまいます。この質問項目は九七年度調査には盛り込まれていなかったため経年比較はできませんが、母親の年代別にみると、二〇代の母親の方が三〇代や四〇代より約10ポイント少ないと出ています。これは一九九八年の厚生白書に、三歳まで母親の手で育てることの有意性については合理的根拠が無いと記載され、いわゆる三歳児神話の呪縛から母親たちが解き放たれたことが影響していると思われます。さらに一九九九年に男女共同参画基本法が施行され、社会を担うのも子育ても男女対等にという旗振りのもと、女性の労働環境整備や父親の育児休暇制度利用啓蒙など、母親の社会進出を助ける施策が打ち出されたことも背景として考えられます。

「子どものためには自分が犠牲になるのは仕方がない」という思いが強いためか、常勤で働く母親の方が、九七年度調査よりも「いい母親であろうとかなり無理している」という数値を5・1％も押し上げています（九七年度9・5％、〇八年度14・6％）。因みに〇八年度では、「子どものためには自分が犠牲になるのは仕方がない」と回答したのは、専業主婦26％、常勤38・4％です。「いい母親であろうとかなり無理している」の専業主婦回答は、13・8％です。

しかし常勤の母親たちが、いい母親であろうとかなり無理をしていると感じていても、専業主婦の母親たちよりも子どもに対するイライラや感情的な叱り、また他の子と比較しての落ち込みが低いとも出ています。これは、仕事を続けることでの無理や自己犠牲を払いながらも、社会との接点があることで、子どもの母親という以外にアイデンティティを持っている点が、大きく作用していると考えられるでしょう。

家事労働の軽減が進んでいるにも関わらず、子どものためなら自己犠牲を厭わないという母親の増加と、子育てに苛立ちを覚えるという母親の増加、この珍現象をどう理解すればよいのでしょうか。夜中の授乳による寝不足も、子どもを寝かしつけるために抱き揺らせる苦労も、子どものためならば我慢しようという自己犠牲精神がベースにあるのは、いうまでもありません。無論母親としての使命感に突き動かされての行動でしょうが、母親の愛情をたっぷり注げば素直な良い子に育つはずという期待感があることも否定できません。しかしそれは、愛情不足で育つと、先々問題行動を起こすかもしれないという不安の裏返しともいえます。

そこで先ほど挙げた、一歳半までの育児に苛つく母親が約三倍近くも増えたという調査結果の数値に注目し、なぜこのような母性へと歪んできたのか、背景として育児指導の基軸がこの数一〇年でどう変化しているのか、またその変化の原因について探ってみましょう。

「うつぶせ寝」「添い寝」指導の変化

出産後の一年半、すなわち乳児期から離乳食期を経て歩き出すまでが一番手のかかる時期ですが、この間の育児方法は、時代により環境によりそして行政や保健機関、またマスコミ等の広報次第で大きく異なります。例えば数一〇年前に、頭の形がよくなる、お乳を吐いても気管に詰まりにくい、熟睡できるとして、うつぶせ寝が流行したことがありました。しかし乳児突然死症候群（SIDS）や窒息死の危険性が叫ばれ、昨今の日本ではあまり推奨されなくなっているようです。育児相談サイト「OK Wave」に掲載された次の声（二〇〇八年掲載）が、その指導変化を如実に物語っています。

四児の母です。上の子二人はうつぶせ寝を推奨している頃の出産だったので、新生児の時からうつぶせ寝でした。三人目は突然死が問題視され始めた頃だったので、母親の希望でうつぶせ寝か仰向け寝か決めて良いとされました。が、四人目からは完全にうつぶせ寝は危険とされ、生後半年まではしないようにと指導されました。

「うつぶせ寝」以外でも、例えば「添い寝」についていえば、乳児期から親子別室での就寝が、欧米では当たり前の習慣として日本でも紹介されてきました。ベンジャミン・スポック氏は、大人のプライバシーを守り親子双方の睡眠を確保すること、また子どもの自立を促すことからも別室にすべきで、もし住居環境から別室の確保が難しいのであれば、親子のベッドの間にカーテンをつけてでもそうするようにという強い指導を『スポック博士の育児書』（暮らしの手帖社、一九六六年）で説いています。ところが、一九九七年に育児の国際比較を試みた恒吉僚子・S. Boocock 氏によると、最近はその「添い寝」ですら、親子の触れ合いを重視した流れにイギリスが乗り、アメリカの育児書の中にも歩み寄りが見られる書が出てきたそうです[1]。特殊なのは親子別室肯定論であり、イギリスでは元々ファミリーベッドだったものが、一八世紀頃からベッドを分ける習慣が始まり広まったが、今また元のようにファミリーベッドに戻ろうとしているだけなのだというのです。

二〇〇〇年に日本で刊行された『シアーズ博士夫妻のベビーブック』（主婦の友社）では、「添い寝をしてあげましょう」という小見出しを掲げ、添い寝を推奨しています。何世代も受け継がれてきた自然な育児方法が、なぜ近代社会で否定されてきたのか分からない、アメリカでも批判を恐れて公表はしないが、添い寝を楽しむ家庭がどんどん増えておりAttachment Parentingが理想的な育児スタイルなどと記載されています。アメリカ小児科学会発行の『Pediatrics』でも、添い寝が増えている現象について述べられています。[2] しかし二〇〇五年十月に、同学会が「乳児突然死症候群に関する宣言」の中で、リスク軽減のため添い寝を中止するべきであると勧告しました。大人と子どもの領域やプライバシー保護、自立心の育成などに重きを置こうとする欧米の考え方を覆す添い寝文化の流行に、アメリカ小児科学会が待ったをかけたのです。

もちろんアメリカ全土の医師がこの宣言に賛同を寄せたわけではなく、母乳育児委員会や母乳育児支援団体などは疑念を呈しています。因みに日本でも、アメリカ小児科学会の「乳児突然死症候群に関する宣言」に対しては、科学的根拠に乏しいことや物理的に狭い住環境、そして親子が川の字で寝る日本文化の違いから、添い寝禁止には否定的な見解を示している意見の方が多数です。[3]

このように一つ「添い寝」を取ってみても、国で、また時代によって大きく指導の変化や揺れが見られます。

「夜泣き」指導の変化

先ほど紹介した恒吉僚子、S. Boocock 氏らは、アメリカ政府（児童局）刊行の『インファント・ケア』を一九一四年創刊から一九八九年まで追い、育児指導の変化を考察しています。それによると一九四二年版頃から、様々なアドヴァイスが時として一八〇度の転換を見せているそうです。授乳は「規則性の重視」から「欲求に応じて」に、また指しゃぶりやマスターベーションも「制止しない」へと、子どもの欲求を満たすことが大事という表記に変わっているといいます。個人差を認め、心の安定重視へという方向です。言い換えれば、大人の視点での育児から子どもの側に立った育児へということでしょうか。しかし、それでもまだその時点では大人と子どもの領域を分ける親子別室論（「添い寝」否定論）や、夜泣きにはストイックに対応するべきという論に変化はありませんでした。一九九七年段階のアメリカ・イギリスの育児書には、生後五～六か月以前の夜泣きにはすぐ対処するように、しかしその月齢を過ぎた子には、泣いているからといって、すぐに抱いたり授乳したりと決して甘やかしてはいけないと明記されています。イギリスの育児書も同様に、ベッドから出さないよう、決して抱き上げたりしないようにと、非常にストイックです。例えば、或育児書の記述には

泣いたなら一～二分で戻り、背中をポンと一～二回たたいてあげるか声をかけて静めてあげ

るが、抱き上げてはならない。徐々に泣かせる間隔を長くしていき、同じことを繰り返す。その時、抱き上げないことが肝心。

と書かれているそうです。

ところが、最近のアメリカのサイトを見ると、子どもが夜泣きして困っている親へのアドヴァイスとして

子どもは泣いたまま放っておかれると、見捨てられた惨めさを覚える。だからどうやって寝かせるかではなく、どうすれば心地よい気持ちに子どもをさせることができるかということを考え、背中をさすったり歌ったり授乳したりしてあげよう。最初の年は何度も子どもの側に足を運んで大変だが、子どもは絶望の中で眠るのではなく、満足感で眠るようになる。[4]

と、専門家が語っているのです。しかしそのサイトに寄せられた一般人の意見を見ると、賛否両論様々あり、まさに「甘やかし」か否かで大きく揺れ動いています。

こうして「添い寝」の是非、「夜泣き対策」など、育児方法に関して世界を見回してみると、真逆の指導があちらこちらで行われているという、まさに珍事ともいうべき事象が、人の生育に

育児情報源（2009年現在）

	日本			韓国	
	1歳半母	幼稚園児母	小学生母	幼稚園児母	小学生母
親	42.4%	45.1%	48.8%	39.9%	58.2%
友	76.6%	60.1%	52.0%	32.2%	27.7%
育児書	17.1%	26.2%	30.4%	46.4%	41.3%
育児雑誌	23.9%	41.2%	42.3%	26.2%	31.0%
サイト	14.6%	8.2%	0.8%	35.0%	8.9%
その他	4.9%	6.4%	7.9%	8.2%	8.0%

複数回答可。

関係する大事な土台時期で、二一世紀に入った現在まだなお展開されていることに驚かされます。日本でも、約三〇年の間に「離乳の方法」と「抱き癖観」の指導に大きな変化がありました。

親より友だちからの情報重視

ところで、初めて親となった人は、育児の〝いろは〟を、また育児情報をどこから得ようとするのでしょうか？もちろん出産前後や健診時に産婦人科・産院・各保健医療センターなどで赤ちゃんの抱き方や授乳の仕方など丁寧な指導を受けますが、日々成長する赤ちゃんのちょっとした変化にも、親は不安や疑問を持ちアドヴァイスを求めたくなります。そんな時、実親や義理の親、友だち、最近ではインターネットのサイトからの情報を頼りにすることでしょう。表は、筆者が行ったアンケートの結果です。情報通信システムが国全体に行き届いている韓国では、この数年でサイト利用者が大幅に増えたことが、幼稚園児と小学生の母親の利用率の差に現れています。日本でも経年比較すると増加傾向は顕著です。韓国のサイト利用率からすると、まだまだ低い数値ではありますが、約一〇年前の、実に一五倍以上という利用率です。

二〇〇九年の総務省「平成二十二年版情報通信白書」によると、二〇代のインターネット利用率は97・2％、携帯電話のインターネット利用率は90・5％にも上っています。どこでも、またいつでも検索可能な携帯電話を利用したネット情報に傾倒していく流れは、もはや止まることはないでしょう。さらに二〇一〇年に発売されたスマートフォンの普及により、サイト利用率は飛躍的な伸びを見せているに違いありません。見方を変えれば、活字離れが叫ばれて久しい上に、携帯電話からインターネットを介して情報を得る簡便さもあり、育児書や雑誌を読まなくなる傾向はますます増加していくと思われます。

ところがサイト利用率が日本より高い韓国では、約半数の人が育児書を読んでいます。幼稚園の母親比較では、日本と20％も差があります。それに比べ日本の一歳半の母親たちはわずか17・1％という低い数値でした。なぜこうした育児書離れ傾向が見られるのでしょうか。ＩＴ機器がそれほど普及していなかった時代の母親たちが頼りにしていたのは、やはり育児書であり、育児雑誌だったはずです。それもそれほど遠い昔の話ではありません。というのも、先ほどの表にあるように筆者の調査では、小学生や幼稚園児の母親の41％以上は育児雑誌を読んでいたという数値が出ているからです。しかもほんの五～六年前のことなのです。

また二〇〇六年十一月に開かれた厚生労働省の第二回「授乳と離乳の支援ガイド」策定に関する研究会に、ヒアリングとして呼ばれた『ひよこクラブ』（一九九三年創刊、風讃社）編集長は、この月刊誌を約三〇万人が毎月読んでいると答えています。読者の平均年齢は二八歳でその九割が第一子を育てている親だそうです。因みに三〇万という数は、同育児期にある親全体の約三分の一にあたるそうですので、他雑誌読者も含めると少なくともこの頃までは、親たちの雑誌依存度が低いとはいえないでしょう。

ところで先の表で気になるのは、韓国に比べ日本の母親たちは、友だちから情報を得る率の方が経験豊かな親や専門書である育児書よりも多いという点です。一〇年前に比べると、実に24・6％も高まっています。筆者が行った調査の自由既述やインターネットのサイトには、子育て方法について親と衝突し、困っている等のコメントが寄せられています。こうした現象が起きる理由の一つとして、親世代と育児方法が大きく変わっていることが挙げられます。そのため、親には相談しにくい、親の助言がむしろストレスに感じられる、ということで、親への依存度が減っているのでしょう。

では具体的に授乳・離乳の指導について、専門家や行政側がどう考えているのか、また育児雑誌や育児書、インターネットのサイトではどう記述されているのか見ていきましょう。そこには驚くべき矛盾や育児指導の歪みがあり、また育児の実態を見ることで、その指導で追い詰められている母親たちの現状を理解いただけることでしょう。そしてなぜそうした育児変化や歪みが起きたのかについて、その背景をも含めて考察します。

「離乳」指導の変化

離乳指導の変化を辿る前に、先ず「離乳」「乳離れ」「断乳」「卒乳」等、言葉の概念や断乳から卒乳へと指導が変化した大枠について簡単にまとめておきましょう。

「離乳」とは栄養学的・発育学的な視点からの発達を含めた食の自立過程を表し、「乳離れ」は母親の乳首への吸い付きをやめること、その行為を母親の意思でやめることを「断乳」、子の意思で離れていくことを「卒乳」と、妊娠時から離乳までの乳房管理研究を専門とする中尾優子氏[5]らは整理しています。なお文部省科学研究離乳研究班は、一九五八年に、母乳をやめる「断乳」と栄養学的意味合いの強い「離乳」を区別して考えることにし、就眠儀礼的に母乳を吸う行為を「離乳の完了」とするか否か等論議を重ねています。

ところで母乳育児・自然卒乳を推奨している一般社団法人「日本母乳の会」という団体があります。ホームページを見ると、一九九二年八月一日を世界母乳の日と制定されたのを記念し開催された「母乳をすすめるための産科医と小児科医の集い」が出発点と記されています。活動の趣旨は、一九八九年にユニセフとＷＨＯが作成した「母乳育児成功のための十か条」の普及と実践を基本に、〝赤ちゃんにやさしい病院〟の推進のため、そして「抱き足らない症候群」を出さないためとあります。「抱き足らない症候群」というのは、日本母乳の会が出している冊子『卒乳おっぱいはいつまで』（二〇〇四年）によると、「抱きすぎると甘えん坊になるという観点から、ほとんど、抱かれることもなく寝かされ放しの赤ちゃんに見られる一連の症状」で、「寝くせで頭は向き癖で変形し、背中も扁平気味になり、首のすわりも遅れ、あやされたり、語りかけられることも少ないため、顔の表情も乏しく、無表情……」という症状を意味するそうです。

話を離乳に戻すと、『卒乳　おっぱいはいつまで』には、できるだけ母乳で育てよう、「卒乳」を目指そうという指導が説かれています。しかしながらこの団体の活動によって、「自然卒乳」推奨の波紋がすぐに広がったわけではありません。一九九六年に小児科医であった南部春生氏が、専門誌『周産期医学』に「離乳と断乳　自然卒乳の提言」と題して母乳における栄養学的断乳は九か月、心理学的卒乳は二～三歳を目安にするように、そして断乳よりも自然卒乳がふさわしいと提唱し、この流れを受け、二〇〇二年の母子保健法の改正で母子健康手帳から「断乳」という言葉が消えたことが、卒乳志向へと急速に傾くことになったのです。例えば主婦の友社が発行している『Baby-mo』という育児雑誌に組まれている卒乳の特集では、今でも、時折次の文章が掲載されています。

平成十四年に母子健康手帳から「断乳」が消えました。つまり無理して一〇か月頃までに断乳しなくてもいいということが、公的にも考えられるようになったということです

他には、「goo ベビー」というサイトには次のように書かれています。

Q　平成十四年からは、母子手帳からも「断乳」という言葉が消えました。これはなぜ?

A　二歳近くなってもおっぱいが取れない子、これまでにもたくさんいました。そういう現実が公に認められたということ。とつぜん、二歳まではおっぱい吸っている方がいい、という説が出て来たわけではないんですよ。まだおっぱいを吸っていてもはずかしいことじゃないって、口に出して言える時代になったということですね。

『Baby-mo』の記述からは、断乳が母親にとって非常に辛いハードルだったことが推測できます。「母子健康手帳から『断乳』という言葉が消えたのだから、そんな苦労はしなくてもよい」「いつまでも母乳を飲ませていても批判されることはない」と、母子保健法の改正で、あたかもお墨付きが出たかのように捉えている感は拭えません。

雑誌記事で見る指導の変化

では具体的に、授乳・断乳・卒乳についてどのように指導内容が変化してきたのかを探ってみましょう。婦人生活社が一九六九年に創刊し二〇〇三年三月まで発行した『ベビーエイジ』（婦人生活社）の記事の中から経年での授乳指導コメントを拾ってみました（傍線＝筆者）。

76年　「時間を決めて授乳し、授乳回数を減らしていく」「ダラダラ授乳をしない」「昔の育児は泣けば乳房を含ませるという安易なものだった。お母さんがそういう態度だと、赤ちゃんの方もおっぱいにしがみついて離れられなくなる」「おっぱいを武器にしてはいけない」「お母さんとのつながりが授乳だけではないことが赤ちゃんにわかるこのステップ（断乳）がとくに大事」（十月号）

79年　「五か月過ぎても夜たびたび飲む場合、赤ちゃんが夜のお乳を〝学習〟していることも多い。七か月以降の夜中の求乳はその学習に積極的甘えが絡んだ現象」（十二月号）

81年　「四〜六か月頃：夜中の授乳は原則としてやめます」（十二月号）

85年　「一歳前を目標に断乳します」（十一月号）

86年　「泣かせないようにだけでは、子どもは育てられない。心を鬼にしてでも子どもをじっと見守らなければならないときもあるはず。赤ちゃん自身が乗り越えていくもの。一歳

87年　前後での断乳、及び離乳食が三回食になったら夜の授乳をやめるように」（二月号）
88年　「一一か月頃から断乳を考えてもいい入り口。一歳三か月頃までには断乳を」（一月号）
89年　一～一歳半での夜泣きに対し、「泣いて眠れないようなら、甘えさせられるのも今のうちと（六～七か月の夜中の授乳も）大目に見よう」（三月号）
92年　「お母さんが負担でなければ、（夜中の授乳を）無理にやめる必要はない。虫歯の心配から一歳半までには断乳を」（七月号）
95年　（七か月頃のおっぱいでの寝かしつけ）「おっぱいが安心剤でいい。二歳まで飲んでいたが問題ない。虫歯も関係ない」（十二月号）
96年　「一歳はあくまでも目標、二歳までには断乳を」（四月号付録）
00年　「（断乳の時期は）お母さんの考えで決めると良い」（九月号付録）
02年　「卒業のときは、ママと赤ちゃんが決める。二～三歳まではおっぱいを飲んでいてもかまわない」（七月号）
「（乳首を吸うこと）〝安心感〟〝心地よさ〟〝ママとの一体感〟〝精神安定剤〟」（八月号付録）

二〇〇三年三月で『ベビーエイジ』は廃刊になっているので、それ以降については他雑誌から拾いました。

学研『おはよう　赤ちゃん』（二〇〇八年四月より休刊）

04年「赤ちゃんが飲みたい、ママもあげたいと考えるなら、いつまでと決めずに自然に離れるまであげてもかまいません」（十二月号）

05年「最近は二〜三歳でも飲みたいなら飲ませもいいという考え方が主流」（十月号）

07年「三歳くらいになれば、自分でおっぱいから離れていくようです」「卒乳は赤ちゃん自身が決めるのが自然」（八月号）

主婦の友社『Baby-mo』（二〇〇二年創刊）

04年「平成十四年には母子健康手帳から『断乳』という文字が消えました。つまり無理して一〇か月頃までに断乳しなくてもいいということが、公的にも考えられるようになってきています」（十二月号）

06年「ママとお子さんが満足して卒業できる。それが自然な卒乳です」（十月号）

08年「卒乳の目安は、一歳半〜二歳」（七月号）「いつやめてもいいし、逆にいつまであげていても基本的にはＯＫです」（九月号）

10年 「最近は二歳以降も授乳を続けるママが増えています」（六月号）
11年 「卒乳はママの考えや状況によるので、卒乳次期に決まりはありません」（九月号）

風讃社『ひよこクラブ』（一九九三年創刊）
10年 「卒乳目安は一歳六か月〜二歳」（三月号）

こうして経年で追うと、断乳の箍《たが》が緩められ卒乳へと導かれていく経過が大変よく分かります。一九八六年頃までは「一歳前後を目標に断乳を」という強い指導でした。ところが、八七年には授乳の終わりが「一歳三か月」まで延び、八九年では「一歳半」までよいとされ、九二年には「二歳でも問題ない」と断言しています。哺乳瓶を使った授乳について補足しておくと、八七年の『ベビーエイジ』（五月号）記事に「ほ乳びんの使用は一歳をめどに」という言葉があり、人工乳の場合は母乳よりも早くやめるよう指導されていたことが分かります。

一九七八年の夜中の授乳に対する小児科医と産婦人科医のアドヴァイス（『ベビーエイジ』二月号）では

二歳すぎてもお乳をしゃぶっているというのは、スキンシップの悪い面があらわれて、親子関係がウェットになってしまっているのではないか。かわいそうだからとか、なんとなくやっていたからとか意識をもたない場合とか、やたらかわいがりすぎ甘やかしすぎの場合のどちらか。子どものせいにせず、親の自覚を持つべき。

とあり、それこそ断乳できないようでは母親として不適格と決めつけられそうな厳しい指導です。二〇〇二年の『ママとの一体感』『精神安定剤』と比べると、たった二〇数年の間でいかに真逆な方向に指導が変わっているかが、大変よく分かります。

しかしそれでも一九九六年ではまだ「断乳」の言葉が見え、断乳の時期決定権は母親にあります。その母親の主導権が二〇〇〇年には既に無くなり、二〇〇二年に入ると、むしろいつまでも授乳を続ける方がよいという肯定論調が紙面を飾るようになり、断乳への厳しい指導は徐々に緩められていくのです。こうした流れを後押ししたのが、先ほど紹介した南部春生氏の「自然卒乳」を提唱し指導することという論文の発表です。折しもこの年、厚生省児童家庭局母子保健課は「離乳の基本」という冊子の中で「離乳の完了は通常一二～一五か月頃、遅くとも一八か月頃までに」と明記しています。要するに厚生省はまだそこまで踏み込んでいなかったのです。それが二〇〇二年四月に母子健康手帳から「断乳」の語が消えたことで、日本の育児指導の流れは、はっきりと甘え容認の路線へと切り替わっていったのです。

ではその結果、育児状況にどのような変化が見られるのでしょうか。

遅くなった離乳食開始時期

厚生労働省が一〇年毎に行っている乳幼児の栄養調査（平成十八年六月発表）の報告書をもとに作成した次頁のグラフは、離乳食の開始時期について三〇年間の変化を表したものです。グラフを見れば明らかなように、二〇年前には生後四か月から始まっていた離乳食が、平成十七（二〇〇五）年では一か月遅くなっています。これは、次のような経過に因ります。

一九八九年にＷＨＯ・ユニセフによって作成された「母乳育児を成功させるための十か条」に「医学的に必要がない限り、新生児には母乳以外の栄養や水分を与えないようにしましょう」と明記されました。この世界的規模での母乳育児の促進の流れの中で、アメリカ小児科学会は二〇〇五年の声明で次のように述べています。

During the first 6 months of age, even in hot climates, water and juice are unnecessary for breastfed infants and may introduce contaminants or allergens.

（最初の六か月までは、たとえ暑い気候でも、アレルギーや汚染を引き起こすことになるかもしれないので、水やジュースは母乳育児の子には必要ない。筆者訳）

日本では、厚生労働省が二〇〇七年に改訂した「授乳・離乳の支援ガイド」で、果汁等の摂取について次のように記載しています。

離乳の開始前に果汁を与えることについては、果汁の摂取によって乳汁の摂取量が減少すること、たんぱく質、脂質、ビタミン類や鉄、カルシウム、亜鉛などのミネラル類の摂取量低下が危惧されること、また乳児期以降における果汁の過剰摂取傾向と低栄養や発育障害の関連が報告されており、栄養学的な意義は認められていない。

また、固形物（離乳食）の開始時期延期によるアレルギー発症予防効果については、

離乳食の開始時期

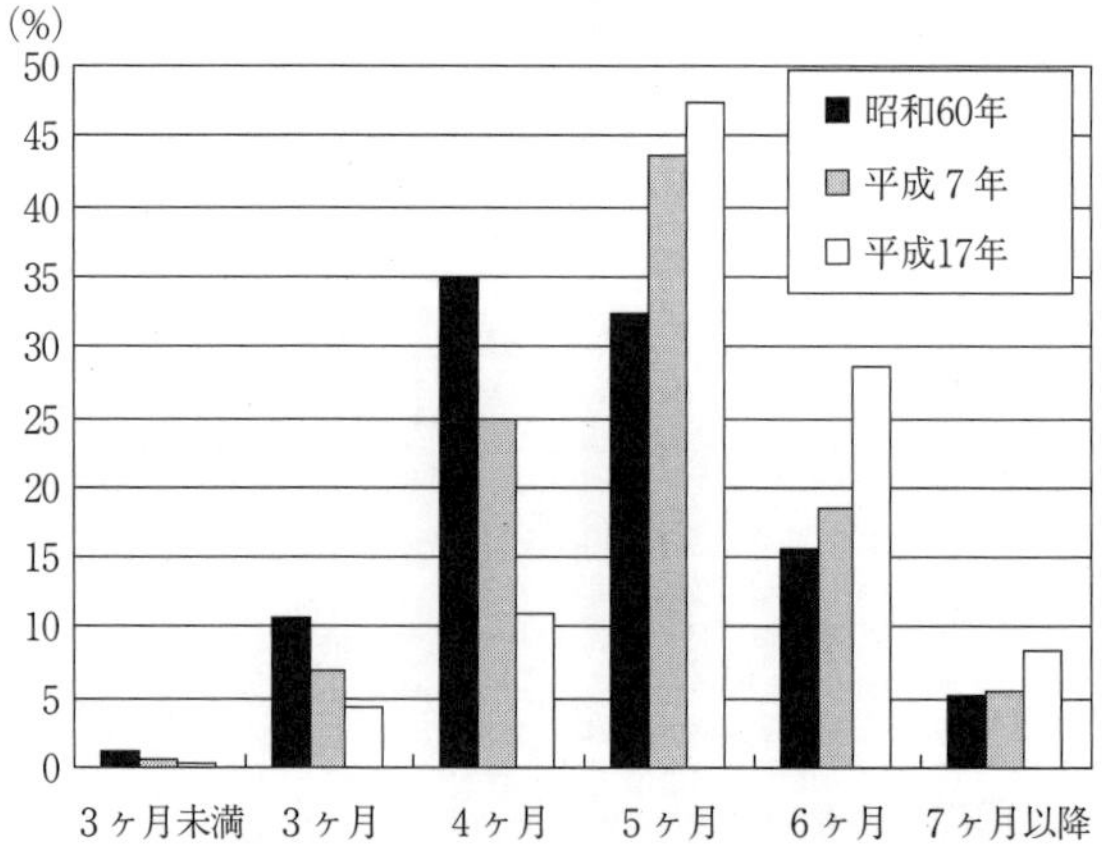

厚労省報告書より作成

生後四か月までに四種類以上の固形物を摂取した群では、固形物を摂取しなかった群と比較して、二歳、一〇歳までの慢性湿疹の既往が高かった。

と説明しています。

さらに二〇〇八年十月のＷＨＯ・ユニセフの Geneva 報告書にも、「子どもの生存と成長・発達を考えると、特に生後六か月間、母親の母乳だけで乳児を育てることが最良であること、そして二歳以上も続ける方がよい」という記載が見えます。

ＷＨＯ・ユニセフによって推奨された母乳育児の促進、そしてその後の研究の積み重ねで判明した果汁を含む離乳食開始の時期を遅らすことの有用性に基づいて、授乳指導がなされた結果、グラフに表れたように三〇年前と比べ離乳食の開始月齢が「一か月の遅れ」になったのです。

ただ注視していただきたいのは、一九八九年にＷＨＯ・ユニセフによって作成された「母乳育児を成功させるための十か条」では、「新生児には母乳だけで」という記述が、二〇〇八年の報告書には「生後六か月間」「二歳以上も続ける方がよい」と拡大している点です。後ほど詳しく述べますが、実はこれには理由があるのです。とかく「生後六か月間」「二歳以上」という期間に目をとめがちですが、延長した根拠をまず正しく捉えなければなりません。なお新生児期とは、ＷＨＯの定義によると、生後四週間までをいいます。

離乳食の完了時期

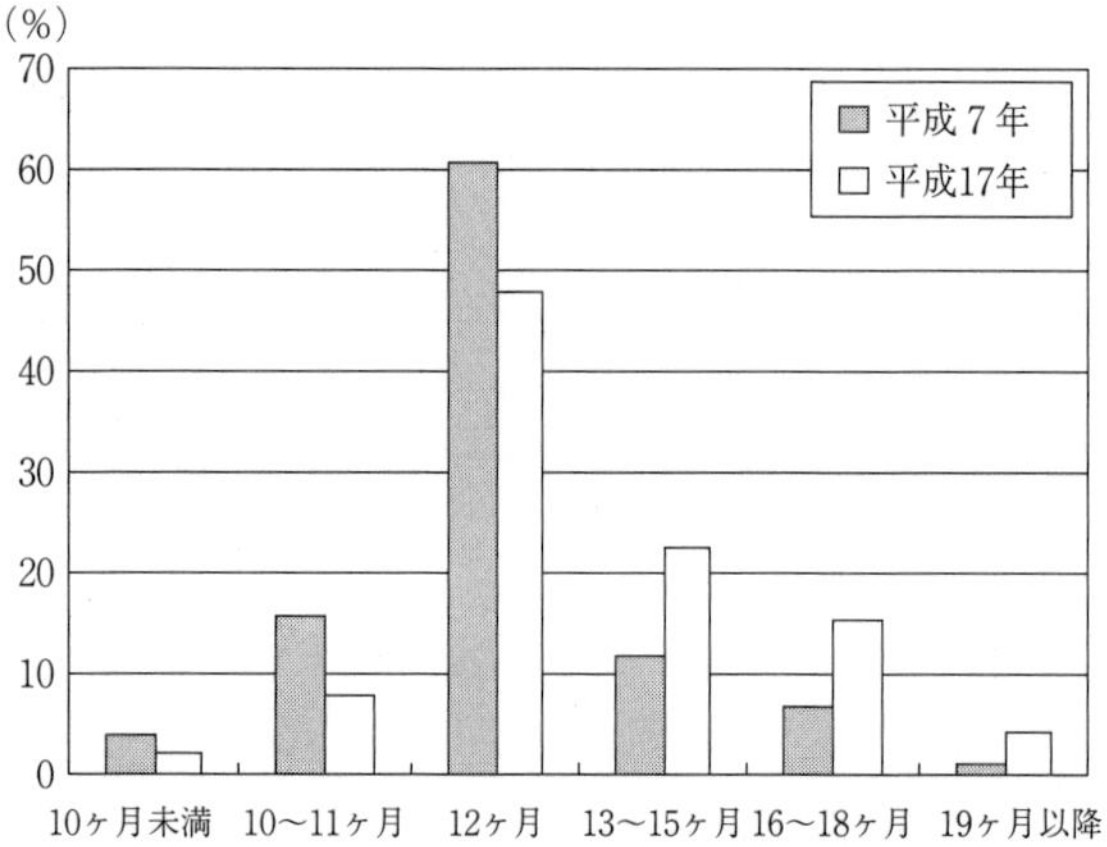

厚労省報告書より作成

離乳食完了時期にも遅れ

先ほどの離乳食の開始時期同様、厚生労働省の調査データを元に離乳食の完了時期についての変化をグラフ化しました。ただし離乳食の開始時期については、一九八五（昭和六十）年の調査データがあったので、三〇年間の変化を捉えることができたのですが、完了時期は平成七年との比較のみになっています。言葉が似ているため混同しやすいのですが、このグラフの元になっている厚生労働省のデータは、「離乳」ではなく、「離乳食」の完了時期を調査したものです。つまり離乳食を終え、大人と同じ普通食を摂りながらもまだ離乳していないケースもあるので、このデータをもって離乳そのものの完了が遅くなったと短絡的に捉えることはできません。しかし離乳食の完了と離乳の完了が緊密な関係にあることもまた事実ですから、大まかに離乳時期の傾向を掴むことはできるものと思われます。

話をこのグラフに戻しますと、平成七年は、生後一二か月までに60・8%の率で離乳食が完了しているのに対し、平成十七年は生後一二か月までは47・9%に過ぎず、一三か月以降が22・4%と、離乳食の完了時期が遅くなっていることが分かります。

実はここでも母乳育児推奨の影響が考えられます。それは、母乳育児の終わりの指導を「断乳」から「卒乳」へと変化したことに象徴されています。すなわち授乳の完了時期を、子どもから自然と離れるまで、そしてそれは何歳でも良いと考える傾向が、グラフ上で見る離乳食の完了時期の遅れに影響していると考えられるのです。

WHO・ユニセフが長期母乳継続を勧める理由

先に二〇〇八年四月のユニセフ公式サイトで、母乳を二歳以上も続ける方がよいと書かれていることを挙げましたが、その前後の文章を見ても、初乳や六か月までの効力がいかにあるかについては、医学的な面からも詳細に説明がされているものの、二歳以上も続けることの科学的根拠やその効果については述べられていません。また先ほどのアメリカ小児科学会が出した二〇〇五年の声明にも（傍線＝筆者）、

Breastfeeding should be continued for at least the first year of life and beyond for as long as mutually desired by mother and child.
(母乳育児は少なくとも最初の一年は続けられるべきである。そして母子互いに望むできるだけ長く。筆者訳、以下同様。)

There is no upper limit to the duration of breastfeeding and no evidence of psycho logic or developmental harm from breastfeeding into the third year of life or longer.
(母乳育児の継続期間には上限はない。生後三年目に入っても、それ以上になっても心理的、発達障害の証拠はない)

と書かれていますが、二歳以上の母乳育児継続が、科学的にまた医学的にどのような効果があるのかについては述べられてはいないのです。これら「二歳以上できるだけ長く」「母子相互が望めばいつまでも」「生後三年を越す年齢になっても問題はない」等、期間延長の意味づけとして、母子間の精神的安定や充足感を効果として挙げる説明は散見しますが、初乳や新生児時期の授乳の重要性についての説明のように、科学的論拠を説いた文章を見つけだすことはできません。それでもユニセフやＷＨＯが母乳期間の延長を推奨するのは、母乳育児継続の必要を迫られている地域性の問題が背景にあってのことだからです。

二〇〇七年にマニラで開かれたユニセフの「母乳育児の普及を図る専門会議」では、東アジアと太平洋地域における生後四か月までの完全母乳育児率が61％、生後六か月までになると35％に過ぎないことを踏まえ、生後六か月までは母乳育児の徹底をという呼びかけがなされています。この会議の報告書によると、二〇〇三年に一万六千人の五歳児未満が亡くなっており、その原因は、それまで20％だった四～五か月児の母乳育児率が13％にまで落ちていることから、粉ミルクを含む不適切な栄養供給にあるというのです。沸騰消毒もせず、汚濁した水によって作られたミルクが、乳児の命を縮めたのです。完全母乳育児を六か月までというラインが、発展途上国などの公衆衛生システムが不十分な地域をベースにした最低線であることはいうまでもありません。

二〇〇八年一月に出されたユニセフの「世界子ども白書」のテーマは、「子どもの生存」で、この統計資料編、表2に「栄養指標」として二〇〇〇年から二〇〇六年における母乳育児による子どもの比率、また栄養不良の五歳児未満の比率やビタミンAの補給率などが国毎に示されています。その最後にCEE・CIS[6]・東アジアと太平洋諸島・アフリカや東南アジア・中東等の開発途上国や後発開発途上国、そして日本や韓国・アメリカ等先進工業国、及び世界の母乳育児の比率等についてまとめた表が掲載されています。その中からいくつか項目と地域を抜き出して作成したものが、「母乳育児の比率・栄養不良児比率」の表です。

母乳育児の比率・栄養不良児比率（%）

	母乳育児の子どもの比率			栄養不良の5歳児未満の比率	
	母乳のみ（6カ月未満）	母乳と補助食品（6－9カ月）	母乳育児継（20–23カ月）	低体重中・重度	発育障害中・重度
CEE・CIS	19	44	23	5	12
東アジアと太平洋諸島	43	45	27	14	16
先進工業国	－	－	－	－	－
開発途上国	38	56	40	26	32
後発開発途上国	35	64	63	35	42
世　界	38	56	39	25	31

これを見ると、母乳育児を二歳まで継続する必要性が特に求められている地域は、衛生環境が整っていない国々ということが明白です。後発開発途上国では、母乳育児を二三か月まで63％続けていても、低体重の子が35％、発育障害を持つ子どもたちは42％もいるのです。もし母乳育児を長く続ける指導がなかったとしたら、この数値は一体どのくらい跳ね上がるのでしょうか。つまり人工ミルクを溶く水の汚染や離乳食を作る際の衛生状態が心配される地域における母乳の長期継続は、心理的有益性などという次元ではなく、子どもの生命や成長を保守するため、極めて重要なことなのです。

そして母乳長期継続推奨には、もう一つの理由があります。二〇〇八年十月にジュネーブで開かれたWHO会議の記録[7]には、生後六か月〜二歳以上の母乳育児継続の推進及び援助のため、さらなる論拠の研究促進の必要性が提言されています。その中で注視すべきは、乳幼児の健全な発育のため以外の理由で長期母乳育児を続ける必要性について述べられた次の文章です。

Increased duration of breastfeeding confers significant health and developmental benefits for the child and the mother, especially in delaying return of fertility thereby promoting optimal intervals between births.[8]

（母乳育児期間の延長は、子どもと母親の健康と発育に重要な助けとなり、また特に出産期間を正常に戻す、換言すれば次の出産までの間隔を空けさせる効果がある。）

避妊具が充足されていない国や地域では母乳育児の継続は、計画出産、すなわち出産後の母胎回復という意味でも非常に重要だというのです。

長期母乳の必要性がない衛生的な日本

二〇〇六年十一月に開かれた厚生労働省の「授乳と離乳の支援ガイド」策定研究会で、委員の一人である小児科医師の発言にも、後進国と先進国の母乳継続推進コンセプトが異なること、また極端な完全母乳指導が母親を追い詰めることになるという懸念が示されています。

母乳を促進する場合、今までかなり狂信的な対応が行われ、例えば「水を一切飲ませてはいけない」などと言うことは、日本の状況を全然わかっていないのです。日本は世界で一番衛生的で安全な国ですから、ＷＨＯ・ユニセフが推進しているコンセプトとは全く違う状況なのです。日本で母乳を推進するのに、「水を一滴も飲ませてはいけない」と言うと、むしろ恐れをなして母乳栄養をやれなくなる。さらに母親が強い恐怖感や脅迫観念に襲われる。

また同研究会の第三回会合議事録には、次のコメントが記録されています。

母乳をいつまで続けるかは非常に議論されるところで、それとも絡むのですが、前回申し上げた通り、開発途上国ではできるだけ長く続けるということですが、日本や欧米も含め、ある程度栄養が足りて衛生状態もいい国ではどこまで続けるのかということはまだ結論が出ていない。栄養の面でのオピニオンリーダーであるイギリスのアラン・ルーカスのスタディが二〇〇三年に出ていますけれども、実は母乳栄養を長く続けた方が二十歳の時点での動脈硬化指数は高いのです。これはかなりショッキングな話です。動物実験でも似たようなデータがあります。四か月から五か月頃までの推奨はいろいろな面でいいのですが、その後どこまで続けるかというのは、先進国と開発途上国とを分けて考えなければならず、さらに今ご紹介したようなデータもあるということです。

最終的に、厚生労働書の「授乳・離乳の支援ガイド」（二〇〇七年作成）には、次のように明記されました。

離乳の完了とは、形のある食物をかみつぶすことができるようになり、エネルギーや栄養素の大部分が母乳または育児用ミルク以外の食物からとれるようになった状態をいう。その時期は一二か月から一八か月頃である。

（注）離乳の完了は、母乳または育児用ミルクを飲んでいない状態を意味するものではない。

「授乳・離乳の支援ガイド」を作成する段階で、長期母乳継続のリスクやメリットを判断するエビデンスがまだ不十分であるがゆえに、この注意書きとなったことが会議録から見えてきます。

実は、二〇〇六年八月四日付けの共同通信に、長期母乳継続のデメリットについての研究結果が報道されているのですが、二か月後に開かれた第一回「授乳と離乳の支援ガイド」策定会議では、この件について一切触れられていません。報道内容は次の通りです。

生後六か月までの赤ちゃんに対する母乳育児は、ぜんそくやアトピー性皮膚炎などのアレルギー予防に効果があるとされるが、それ以上長期にわたると、逆効果になる傾向があることが、フィンランドの専門病院の研究で分かった。三日付けの英科学誌「ニューサイエンティスト」が伝えた。同誌によると、ヘルシンキの病院が新生児の母親二〇〇人にできるだけ長く母乳育児を継続するよう依頼。母乳を与えた期間と子どものアレルギーの関連性を二〇年間にわたり調査した。その結果、生後九か月以上母乳だけを与えられた子どもはアレルギーを持つ傾向が高いことが判明。アレルギーの家系の子どもを五歳の時点で比較すると、九か月以上母乳で育った子どもの56％がアレルギーを持っていたのに対し、二～六か月間母乳育児された子どもは二〇％にとどまった。

その後も第五回の会議までアレルギーについての話題はたびたび出ていますが、「ニューサイエンティスト」に掲載された研究結果については誰の口にも上っていません。母乳育児をとりまく環境と支援について研究している本郷寛子氏（『母乳と環境』岩波ブックレット№七六一、二〇〇九年）によると、一九九五年にSaarinen他が発表した「アトピー性疾患の予防としての母乳育児」（世界的に権威のある英医学誌『ランセット』346号）では、長く母乳を飲ませるほどひどいアトピー疾患を防げるという逆の報告もあるそうですから、まだ方向性を示せないのでしょう。本郷寛子氏も、「食物アレルギーを持つ親の会」の会員に調査し、母乳よりも粉ミルクの方がアトピーの発症と関係している可能性があると述べています。ただし生後三か月以内に粉ミルクを飲ませたか否かの調査ということなので、長期母乳というよりも、生後数か月での母乳の重要性は確認できる、という範囲でしょう。

第一回「授乳と離乳の支援ガイド」策定会議では、完全母乳が望ましい期間をどの程度と指導しているか、先進国の例がいくつか紹介されています。因みにイギリスは生後六か月間、カナダは生後四か月間、アメリカもカナダと同じ生後四か月間と推進運動の目安を記しています。しかし終了時期についてはどの国も記していないというのです。

日本での母乳育児率はどの程度か気になるところです。そこで厚生労働省が一〇年毎に行っている乳幼児の栄養調査報告書（二〇〇六年六月発表）を見ますと、前回に比べ母乳を与える割合が増加しているとあります。生後一か月段階では混合も含めて母乳を与えている人は約95％、三か月では約80％、母乳のみは生後一か月で42・4％、三か月では38％です。母乳育児推奨運動の効果が現れており好ましい結果に見えます。しかし本郷寛子氏は、ノルウェーの母乳率が、一九九九年調査で92％（生後三か月）であることと比べ、また日本での乳幼児の栄養調査で、96％の妊娠中の女性が母乳での育児を望んでいることを踏まえ、まだまだ母乳育児の普及率としては低いと捉えています。そして母乳は需要に応じて供給されるため、赤ちゃんの求めるペースに合わせ、「いつでもいくらでも」を基本とするよう、また母乳に含まれる科学的効果、人工ミルクのリスクについて説明し、たとえ薬や酒、喫煙、カフェインなどを摂取していても、(その影響度合いなど詳しく述べながら) できるだけ母乳で育てるよう強く説いています。

完全母乳推奨のリスク

母乳育児の有用性は誰もが認めているところです。しかし日本の場合、完全母乳でなければならないという不衛生な状況はないといっても過言ではないでしょう。にもかかわらず、行きすぎた母乳育児の推奨運動がゆえに、「完全母乳育児でなければ」という思い込みへと、母親を追い込んでいる現実があることに注視すべきです。

無論こうした「母乳さえ与えていれば大丈夫」「母乳以外はまったく必要ない」「母乳が出なくとも諦めずくわえさせていれば出るようになる」等、完全母乳へのこだわりに危惧する声も発せられています。実際に『朝日新聞』(二〇〇九年九月二六日) に報じられた記事によると、二〇〇〇年頃から欧米では母乳だけで育てられた子どもに「高ナトリウム血症性脱水」が増えており、日本でもここ数年低血糖症例が報告されているそうです。さらに、関西医科大学教授金子一成氏による「完全母乳児は、高ナトリウム血症になるリスクが高い。母乳不足にもかかわらず、完全母乳に過度に固執した結果と考えられる」という解説や都立墨東病院新生児科部長渡辺とよ子氏の「(完全母乳を目指すあまりに)母乳以外の糖水やミルクを与えることはすごく悪いことのように捉えるのは危険ではないか」の意見を掲載し、記者は「完全母乳」に過度に固執すると、母乳が出ずに「自分は母親失格」と落ち込む人も出てくると危惧しています。

既に引用したように、厚生労働省の「授乳と離乳の支援ガイド」策定研究会で小児科医師は、日本の母乳促進で「水を一切飲ませてはいけない」などという、かなり狂信的な対応が行われていると指摘し、極端な完全母乳指導により母親が強い恐怖感や脅迫観念に襲われることになると、懸念を呈しています。

医学や科学研究による裏付けに基づいた、果汁を含む離乳食開始時期を急がないようにという指導が、乳幼児の健全な成長をもたらす一方で、情報が正確に伝わらないと、偏狭した情報だけを握りしめ、自ら思い描いた理想の育児に走る母親を生み出すこともあります。こうした我が子を思うばかり、是々非々様々な説明や意見に耳を傾けることをせず、状況判断すらできないほどに追いつめられた母親が起こした事件を、我々は音羽事件[9]を含め、過去にいくつも事例で見てきています。とかく母親というものは、殊に我が子のためとあらば、隘路にはまる可能性を少なからず持っているものなのです。

長期母乳継続指導の歪み

話を長期母乳育児に戻すと、先進国におけるメリット・デメリットに関する科学的裏付けをもとにした厚生労働省の見解がまだ出ていないのですから、日本でそれを推奨する理由の一つとして、WHO・ユニセフの母乳長期継続推奨活動を挙げるべきではありません。しかし現実には、WHOやユニセフが推奨しているのだから間違いないと、あたかもお墨付きが出たかのように使われています。いくつかそうした歪みが見られる例を挙げてみましょう。

事例　一

二〇〇八年の『日本助産学会誌』に掲載された論文[10]の緒言で、中田かおり氏は次のように述べています。

「母乳育児の保護、推進、支援に関するイノチェンティ宣言」（WHO・UNICEF 1990）において、二年以上の母乳育児継続が推奨されてから二〇年近く経った。「乳幼児の栄養に関する世界的な運動戦略」（WHO・UNICEF 2002）では、生後六か月間の完全母乳育児と母乳育児を二年以上継続することが実行目標の一つとされ、母乳育児を推進・支援するための政府や保険医療従事者の責任と役割が明記された。しかし、日本の母乳率は出産後一か月で42・4％、六か月で34・7％と低く（母子保健事業団２００６ａ）、出産二年後に母乳育児を続けている母親はさらに少ないと推測される。

この論者は、日本においても生後六か月間の完全母乳育児と二年以上の母乳育児継続をするべきなのに、現状ではまだ達成率が低いと憂えているのです。

事例　二

一般社団法人「日本母乳の会」のホームページで理事長が、長期母乳継続を推奨する活動趣旨を次のように説明していますが、会全体に徹底できているのか疑問に感じる面が見受けられます。まず趣旨説明を確認しましょう。

本来、ＷＨＯ・ユニセフが発展途上国での乳児死亡率減少や栄養失調の改善を目的に開始した運動であるので、母乳のもつ免疫学的、栄養学的な視点が主体でありました。しかし日本母乳の会では、当初から母子や家族関係の構築を基本にした育児支援の視点から取り組んでおります。母乳育児こそ育児の根底であり、母子や家族の関係構築の基本になると思うからであります。

文章からは、WHO・ユニセフの活動趣旨を的確に捉え、そのことと先進国である日本での母乳育児推奨の意図とを切り離して考えていることが確認できます。また二〇〇六年十一月に開かれた厚生労働省の「授乳と離乳の支援ガイド」策定に関する研究会にも日本母乳の会の運営委員が参加し、同様の意見を述べています。

最初は特に感染症で亡くなる子どもを助けようということから母乳育児の啓蒙が進められたのですけれども、わが国では少し様相が違って、今の子どもたちの社会現象なども含めて、育児を重要視しています。授乳を通して母親のエンパワーメント、いわゆる育児力を引き出し、サポートしていこうということが一つの大きなポイントです。さらに、母乳で育てられない母親ももちろんおられますから、こういう人たちをも含めて、どう育児力をサポートしていくかも大きな目的にしています。

ところが、同会の『卒乳　おっぱいはいつまで』の冊子には、世界の傾向として、次のような文章が掲載されています。

イノチェンティ宣言では「子どもたちに適切で十分な食べ物を補いながら、二歳かそれ以上まで母乳育児を続けるべきである……」と述べています。さらに二〇〇二年第五五回世界保健総会では「乳幼児の栄養に関する世界的な運動戦略」が採択され「六か月の完全母乳の推進と二年以上の母乳育児の継続」がすすめられています。

囲み記事扱いで掲載しているので、会の活動とWHOの母乳長期継続運動を、直接結びつけて説明しているわけではないのですが、読者からすると、世界的にこうした流れになっているのかと錯覚してしまいます。会の趣旨からすると、イノチェンティ宣言や世界保健総会のことを同冊子に掲載する必要はなく、むしろ誤解を避けるためにも紹介するべきではありません。

事例　三

次の文章は『新編　シアーズ博士夫妻のベビーブック』（二〇〇九年版、主婦の友社）に書かれていた一節です。この育児書が翻訳され日本に入ってきたのは二〇〇〇年ですから、それ以降のWHOやユニセフの長期母乳推進運動を踏まえて書き加えられた部分ですが、非論理的な文章であることは、筆者がこれまでに説明したことで明らかです。

公衆衛生の観点からとらえて、先進国においてはもちろん、発展途上国においても『少なくとも二年間』の母乳育児を推奨しています（傍線＝筆者）。

書式的に見ても、罫線で囲まれ、補足説明的な扱いになっているので、シアーズ博士夫妻の言ではなく、編集段階で付け加えられたものだと思われます。ＷＨＯやユニセフの母乳長期継続運動が衛生状況の悪い後進国で展開されていることまで理解できているのに、それをむりやり先進国に重ねようとしているため、おかしな文章になってしまったのです。『卒乳　おっぱいはいつまで』同様、ＷＨＯやユニセフで推奨しているのだから、紹介しても問題はなかろう、むしろ入れるべきという思い込みが働いているように感じられてなりません。

事例　四

「日米医療の架け橋」と称する『USJAPANMED』というサイト[11]にも、このように記載されています。

一応二歳までは母乳の継続が推奨されていますが、二歳を超えて母乳を与えてもかまいません。

このサイトは、アメリカで行われている病気の治療や診断をアメリカ在住の医師たちが紹介しているものです。この文は、サンディエゴ地元紙に連載した記事をウェブ上へ転載したものだと記載されていました。記事を書いた医師もＷＨＯで生後六か月間は母乳のみの授乳を推奨していることを紹介し、その科学的、医学的理由を述べています。しかし二歳を超えて母乳を与えてもかまわない理由や根拠については書かず、さらっとこの文を付け加えているのです。

事例　五

日本の医療関係のサイトを見てみましょう。順天堂大学医学部付属静岡病院のサイト「こうのとりくらぶコラム」でも同様の記述が見られます。

ユニセフ／ＷＨＯでは母乳育児は短くとも二歳までは続けられるべきであり、生後六か月の初めには母乳に加えて適切な補完食（離乳食）を開始すべきと述べています。……母乳育児は一歳を迎えたからといって止めなければいけないものでもないし、離乳食を始めたからといって止めなくてもよいのです。お母さんと赤ちゃん双方が十分納得いくまで母乳育児を楽しみ、二歳頃までつづけてもなんら問題はありません。

事例　六

「授乳と離乳の支援ガイド」策定に向け厚生労働省で検討が始まったことを伝えた『朝日新聞』（二〇〇六年十月十二日）の記事にも、世界保健機関（ＷＨＯ）の報告が取り上げられています。

赤ちゃんの離乳の時期や離乳食の調理方法などの「目安」を示した厚生労働省の指針が約一〇年ぶりに改定され、現行では生後五か月とされる離乳時期が見直されることになった。「生後六か月までは母乳だけで必要栄養量を満たす」とする世界保健機関（ＷＨＯ）の報告を受け、日本でも「六か月」への改定を軸に再検討する。

九五年にできた現行の指針は「離乳の基本」と呼ばれ、離乳を進める際の手順や食べ物の種類、量や調理方法などが書かれている。保健医療の専門家の指導の根拠になっており、育児雑誌などでも広く利用されている。

だが〇三年のＷＨＯの報告書では、六か月まで母乳で育てることを推奨。母乳時期が長い方が、赤ちゃんに多い下痢などが少なくなるほか、母親の月経再開が遅れ、貧血改善にも役立つという。英国など多くの国で生後六か月が採用されている。

日本でも国際標準に合わせて「六か月」にするか、「五、六か月」と幅を持たせるか、専門家の研究会で来年一月までに結論を出す。

長期母乳継続を推し進めるユニセフやＷＨＯの視点は、後発開発途上国に向けられていることに触れず、ユニセフやＷＨＯの報告というだけで引用され報道されると、研究者ですら思い違いをしているのですから、ましてや一般の母親たちが、世界保健機関やユニセフが提唱しているのならば間違いないと考えるのは無理がないことです。

事例　七

二〇〇九年三月「保健医療科学」という雑誌に、「母乳育児を成功させるための十か条」の解釈についての論文が掲載されました。次の文章は論文の抄録の一部を引用したものです。

「母乳育児を成功させるための十か条」の第四条および第六条を根拠として、現在我が国においては、生後三〇分以内のカンガルーケアが当たり前となり、母乳以外の糖水・人工乳を与えない完全母乳栄養法が赤ちゃんに優しいと考えられるようになった。

これに対し筆者は、第四条がいう「母親の授乳開始への援助」がカンガルーケアを指すものではないことを明確にすること、第六条の「新生児には母乳以外の栄養や水分を与えない」

は、第四条にある「分娩後三〇分以内に赤ちゃんは母乳をあげられる」が満たされることを条件とすべきだということを提唱したい。

カンガルーケアとは、日本医療機能評価機構医療情報サービスが公表している「カンガルーケア・ガイドライン／普及版一〇年」によると、出生直後に母親の素肌に胸と胸を合わせるように抱かせ、その上から温かい掛け物で覆うことをいうとあります。このケアによってホルモンの分泌を刺激し、母乳分泌を促すことや母子の不安を軽減させることができるといわれています。一方で、出生直後のカンガルーケアー中に無呼吸や痙攣などを起こす症例も発生しており、危険視する声や効果に疑問の声が寄せられてもいます。この論文もまた、完全母乳主義やカンガルーケアによって、低血糖を起こし脳に重大な影響を及ぼす危険性を示唆した内容です。

十か条そのものは、非常に簡潔な文言で記されています。例えば、第四条は「母親が分娩三〇分以内に母乳を飲ませられるように援助をすること」、第六条は「医学的な必要がないのに母乳以外のもの水分、糖水、人工乳を与えないこと」です。

しかし論文の冒頭の「『母乳育児を成功させるための十か条』の第四条および第六条を根拠として、現在我が国においては、生後三〇分以内のカンガルーケアが当たり前となり、母乳以外の糖水・人工乳を与えない完全母乳栄養法が赤ちゃんに優しいと考えられるようになった」（傍線＝筆者）という断定的文言をみるとき、「母乳育児を成功させるための十か条」のどこにも、カンガルーケアという言葉は一切使われていないにもかかわらず、第四条をその語と結びつけて考えている人や完全母乳をベストと考える人が、一般の母親たちだけでなく識者や専門職に就いている人たちの間にも決して少なくないことを認めないわけにはいきません。

しかも論文は、帝京大学医学部産婦人科客員教授や他病院の産婦人科医師たちの助言をもとに、佐賀県の保健福祉事務所に所属する職員によって書かれたものですので、ここに報告されている以上に、リスクを帯びた事例を踏まえての論考でしょうし、こうした論文が世に出るほどに、完全母乳主義に走っている状況があることは否めません。

ところで、この論文の最後に、掲載誌の編集委員、国立保健医療科学院生涯保健部の次のコメントが掲載されています。

> 第四条の狙いは、出生直後から乳頭に吸啜刺激を与えることにより母乳の分泌が良くなることを促すとともに、出生直後からの接触により母子関係の形成のたすけとするものである。第六条においては、人工乳をいたずらに与えることにより、母乳分泌の可能性のある場合にそのチャンスが失われることを懸念する考えが基礎にある。[12]

さらにコメントには、論者のいう「極端な母乳主義への反省」に同感を示しながらも、出産後三〇分で乳汁の分泌が充分か否かの判断はつきにくいこと、赤ちゃんもまた生後数日間の観察が必要であること、そして極端な母乳主義に陥らないように、また母乳の出ない母親に罪悪感を持たせないよう配慮することなどが付け加えられています。

つまり国立保健医療科学院としても、十か条に「母乳以外は絶対に与えてはいけない」とは表記されておらず、「医学的な必要がないのに……与えないこと」という文言で、赤ちゃんをよく観察し、医学的に必要か否かを見極めて判断するようにという重要なメッセージが含まれているにもかかわらず、「完全母乳で」という表現として喧伝されている実態に、一言付け加えざるを得なかったということでしょう。

これらの事例だけを見ても「母乳育児を成功させるための十か条」の解釈が本来の狙いからはずれている「歪み」を認識しないわけにはいきません。「母乳育児はできるだけ長く続ける方が良い」という主観的な表現だけが独り歩きし、あたかも科学的・医学的に実証された説であるかのように流布されているのです。しかしこの歪みを歪みとして認識し、指摘して正そうという動きが見えません。穿った見方かもしれませんが、むしろ意識的に、WHOやユニセフの母乳長期継続推奨運動が世界的流れであるように刷り込もうとしているとさえ思えます。

母親を追い込む「卒乳」指導

ここでは、ユニセフやＷＨＯの推奨運動とは切り離し、良好な母子関係の育成や子の精神的安定という観点から、卒乳を推し進めている例を見てみましょう。先ほど紹介したように「日本母乳の会」の本来の理念がそうですし、助産師や看護師、医師たちの中にも賛同している人は多いようです。

これは「日本母乳の会」が刊行している冊子『卒乳　おっぱいはいつまで』のＱ＆Ａで、一歳一〇か月の子を持つ母親が、夫から「泣いたらおっぱい」はいけないといわれたという相談に回答した一部です。

　泣いている赤ちゃんはおっぱいがあると、すぐに機嫌がよくなりますね。……お母さんがおっぱいをどうぞといってくれれば、赤ちゃんも安心していられます。おっぱいで心を落ち着かせているのです。まだいいのではないでしょうか。

また同様に子どもの要求のままに母乳続けてよいのかと疑問をもっている母親には、このように回答しています。

二歳四か月でもまだこうやってお母さんのおっぱいを喜んで飲んでいる子どもを見るときに、子どもとお母さんが安心しているかどうかが大事なことです。

専門誌『小児科臨床』(「母乳」二〇〇三年四月)に、母親へのアドヴァイス方法を特集した「生活上の相談」で、次のようなモデル回答が記載されていました。

(赤ちゃんは)恐い思い、痛い体験をした時にお母さんのもとに助けを求め、おっぱいを飲んで安心感というエネルギーを充填してもらいます。その後に眠りにおちたり再び遊びという冒険に出ていくという行動をとります。したがって、この時期に断乳されてしまうと、自分が戻るべきエネルギー補充基地がなくなってしまうことになり、強い葛藤にさらされてしまいます。いらぬストレスを赤ちゃんに与え、不安を解消するすべを取りあげることになるのではないでしょうか。

小児科医師の堀内勁氏は、二〇〇三年に二二九名の母親対象の調査結果をもとにして、二歳時点で母乳授乳が終了している母親は79・5%、そのうち「卒乳」と表現したものは44%、「断乳」22%、不明34%であったと専門誌『ペリネイタルケア』(№7・二〇〇六年)に報告し、この結果を踏まえ、二歳以上まで授乳継続し得る母子は四割以上と推測しています。また親子対話型卒乳が望ましいとし、母子それぞれが納得せずに断乳に踏み切ると、次子出産の際に強い赤ちゃん返りを引き起こす例を挙げ、母子双方にマイクロトラウマとなることがあるとも記述しています。しかしこのマイクロトラウマの実態、統計数値、例として挙げた強い赤ちゃん返りがどの程度の割合で起きているのか等についての報告はありません。

Attachment Parenting を最上の方法と考えるシアーズ博士夫妻は、母乳育児を推奨し、「離乳」についても「早い離乳は赤ちゃんのためになりません」という表示を、シアーズ博士夫妻のオフィスに掲げ、卒乳を提唱し、次のように述べています。

古代の書物では「離乳する」とは「熟する」ことを意味していました。十分に熟した果物と同じように、母なる木を離れる時期が来るのです。……十分満たされる前に離乳された子どもは、次の発達段階に不安な気持ちを抱えたまま入ってしまうので、結果として困難への準備が十分でなく、きちんと自立できないのです。

……母乳で育とうと粉ミルクで育とうと、吸啜欲求はかなりあとまで存在します。満たされた欲求は消えます。満たされなかった欲求は、あとから表面化して問題を起こすのです。

しかし、こうも述べています。

もし離乳を完全に子どもにまかせながら卒乳していきたいのなら、二歳か三歳までは授乳する覚悟をしてください。アメリカの文化では見られませんが、離乳までに長くかかっても、自然な離乳には確かな利点が存在します。しかしながら、もしお母さん自身がもう離乳してもいいころだと感じたなら（授乳に苦痛を感じ始めたら、それがちょうどそのときです）、母親主導で離乳することも可能です。

……離乳は個人的な決断です。基本的には母と子のどちらかの「準備が整ったら」、それが離乳のときなのです。

つまり完全卒乳は理想ではあるけれども、母親主導による離乳であっても準備を整えて進めてよいと述べているわけですが、母親の立場に立つと、どの言葉が重く心に残るでしょうか。断乳によって「強い葛藤にさらされ」「いらぬストレスを赤ちゃんに与え」「母子双方にマイクロトラウマとなる」「困難への準備が十分でなく、きちんと自立できない」「満たされなかった欲求は、あとから表面化して問題を起こす」などと聞くと、子育て初心者でなくとも、育児に及び腰になってしまいます。これらのリスクを犯してまで断乳を選ぼうと思う母親が果たしてどれだけいるでしょう。長期子育てロードに踏み出したばかりの母親たちは、後々後悔しないために、自らを犠牲にしてでも踏ん張って「卒乳」に取り組もうと一度は思うのではないでしょうか。しかし様々な事情のため母乳をあげられなかったり断乳せざるを得なかった母親たちは、自責の念に追い込まれ、先々自立できない子になるのではないか、何か問題が起きるのではないかと不安を抱えるのです。

育児書によって異なる「離乳」指導

専門家が監修する百科事典的存在の育児書では、「離乳」「卒乳」「夜中の授乳」についてどう記述されているのか、二〇一一年二月現在で書店に並んでいる育児書、その中でも二〇〇七年以降に発行された育児書からいくつか確認してみましょう（傍線＝筆者）。

『はじめての育児』（学研、二〇〇八年）

育児状況を調査した結果、卒乳の時期には五か月、一一か月、一歳半の三つの山があると示し、一歳半過ぎを卒乳の目安に考えるようにと促している。

『0～3歳までのはじめての育児』（ナツメ社、二〇〇七年）

「授乳が一日一～二回になったら、完全にやめましょう」と記載。

『育児新百科』（ベネッセコーポレーション、二〇一〇年）
一歳をすぎたら『いつでもどこでも泣いたらおっぱい』はやめて、時間と場所を決めて授乳するようにと、比較的厳しい表現。
『0歳から1歳半　育児あんしん大事典』（成美堂出版、二〇〇七年）
二～三歳の卒乳でも一〇か月～一歳半の断乳どちらでもよいと、親に判断をゆだねた表現。
『はじめての育児　0～3才』（西東社、二〇一〇年）
「一〇か月頃になって離乳食が一日三回食べられるようになるのをめどに断乳することを考えてもいいでしょう」と記載。
『パパ&ママのハッピー育児アドバイス』（長岡書店、二〇〇八年）
「一一か月頃が断乳のタイミング」の文言あり。
『はじめての育児』（主婦の友社、二〇〇七年）
「おっぱいが赤ちゃんの精神安定剤になっているなら、二歳でも三歳でも吸わせてまったくかまいません」長期授乳を容認する表現。

主婦の友社のように、自然卒乳を奨励しているものから、卒乳でも断乳でもどちらでもよしとする中間派、また断乳を積極的に勧めている育児書もあります。乳房マッサージを行うことで、母乳育児の推奨に貢献している「桶谷式乳房管理研鑽会」でも断乳すべしと明言しています。この会が出版している『桶谷式母乳育児　気がかりQ&A相談室』（主婦の友社、二〇〇七年）によると、断乳は赤ちゃんの努力と忍耐が必要であり、お母さんも断乳を乗り越えることで、ともに成長するのだというのです。

また次の子を妊娠中の授乳についても見解が分かれています。二〇一一年二月十九日に放送されたNHKの番組『すくすく子育て　どうする卒乳』では、日本赤十字病院産婦人科笠井靖代氏が、ご自身も子どもが三歳になるまで授乳を続けていたと語り、妊娠しても授乳によって流産を引き起こす可能性は低いため、止める必要はないと述べています。

一方で、財団法人「母子衛生研究会」のサイト[13]では、妊娠したら医師や助産師に相談の上、授乳をやめるよう指導しています。またおっぱいをやめるタイミングとして、

時期がくれば自然に離れていくので、それまで待つという考え方もあります。ただ一歳を過ぎるとだんだんとやめにくくなることもあるので、さまざまな事情でやめようと思うのであれば、一歳はひとつの目安といえるでしょう

とアドヴァイスしています。

母乳育児の継続について、保健医療従事者がどう考えているかの調査があります。先ほど紹介した堀内勁氏らが二〇〇三年に行った長期授乳に対する意識調査[14]では、「構わない」14・3%、「母親に任せる」56・1%、「やめさせたほうがよい」31・8%という結果が出ているそうです。やめさせるほうがよいとする理由は「虫歯になる危険性」76・8%、「母乳に栄養がない」29・9%、「食事を食べない原因」17%です。他には「自立心がなくなる」「別の形のスキンシップに替えるべきだ」「わがままになる」などの意見もあるといいます。この調査結果の限りにおいてですが、保健医療従事者の三割ほどが、長期授乳に異を唱えていることが分かります。

また、先程紹介した育児雑誌『ベビーエイジ』でも、「断乳」から「卒乳」の変化の前後にわたり継続してアドヴァイスを寄せている小児科や産科の医師及び助産師の中には、指導スタンスが数一〇年の間に変化している人もいれば、厳然と同一論調で親主導による対応を促す人もいました。

この統一性の無さは、授乳の終わりの指導について専門家の中でも揺れている状況を如実に映し出しているといえるでしょう。最近親たちの育児書離れが進むのは、こうした面も関係しているのではないでしょうか。

驚きの離乳実態

専門家の間でも混迷している離乳指導の中で、実際に母親たちがいつごろ、またどんなふうに離乳を終えているのか見てみましょう。

先ほど紹介した中田かおり氏の論文によると、二〇〇八年に二～三歳の子どもがいる母親四〇四名に調査した結果、母乳育児期間の平均は一年四か月（最頻値は一年、最大値四年三か月）だったそうです。

またベネッセコーポレーション関連会社発行の『ひよこクラブ』二〇一一年一月号に、一歳六か月の子どもを持つ母親に卒乳に関して調査したデータが掲載されていました。これによると、まだ卒乳していない人は26％、すなわち74％の人が一歳半までに卒乳しており、そのうち53％、つまり半数強の人は一歳～一歳半で卒乳していることが分かりました。

卒乳した時期

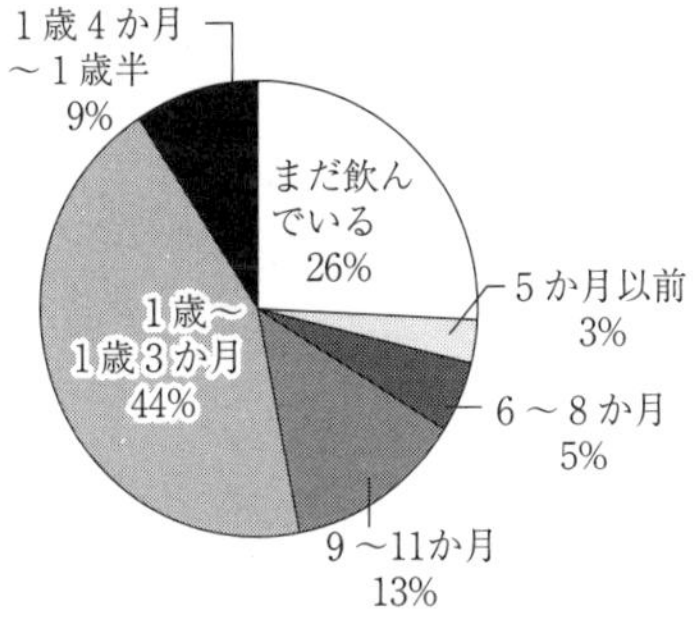

『ひよこクラブ』2011年1月号より

笠井靖代氏は、NHKの番組『すくすく子育て　どうする卒乳』（二〇一一年二月十九日放映）で、50％の人が一歳半までに、80％の人が二歳までに卒乳していると述べていました。

調査年も対象者もそれぞれ異なるので、同列に考えることはできませんが、大まかな傾向は掴めます。つまりこれらの資料を見る限りにおいては、大半の母親は一歳半頃までに授乳を終えているといえるでしょう。

また卒乳が二歳以降というのは、笠井靖代氏が述べた数値から判断すると20％、株式会社マインドシェアが三六五人の生後から九歳までの子どもを持つ母親にインターネットを使い調査した（「ママこえランキング」二〇一〇年十一月）データで、21％という数値が報告されています。先ほど挙げた堀内勁氏のデータ（二〇〇三年）でも、20・5％ということでしたので、二歳以降も授乳を続けている率は、約二割と考えてよいでしょう。

卒乳にかかった日数

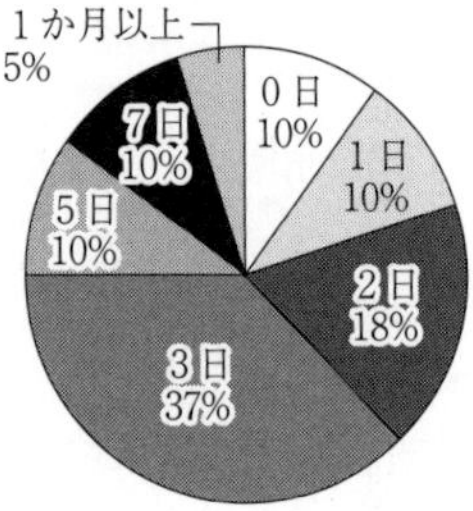

『Baby-mo』2010年6月号より

「卒乳」は名ばかり

『Baby-mo』の二〇一〇年六月号には、この雑誌の読者を対象とし、卒乳までにかかった日数について調査した結果が出ています。九割の人が、卒乳するまでに一日以上かけていることが分かります。卒乳体験談を読むと、「子どもは三日三晩泣き通しだった」「子どもがおっぱいと泣き叫んだけれど、頑張った」など、泣いておっぱいを求める子とのガチンコ対決話が、

『Baby-mo』に限らず他の出版社の雑誌を見ても大半を占めており、子どもから離れたという美談は少数です。

これらの特集タイトルには「卒乳」という語句が使われていますが、親子共々泣きながら終えた離乳を、果たして「卒乳」といえるのか首を傾げてしまいます。

先述したＮＨＫ『すくすく子育て　どうする卒乳』では、二歳六か月になる子の離乳の取り組みを三日間追った記録が放映されましたが、母親は「おっぱい、おっぱい」と泣き叫ぶ子どもを夜中に抱いてあやしたり、かわいそうという思いに負けて飲ませてしまったりと、まさに苦闘の「断乳」過程を辿っていました。また出演している他の親子たちも断乳経験を語っているのに、タイトルは『どうする卒乳』で、アドヴァイザーが語る助言も卒乳を推奨したものでした。

実際は泣かせて乳離れする「断乳」だったにもかかわらず、雑誌もテレビでの扱いでも、短い期間でバトルが終われば「ハッピー卒乳」したことになっているのです。おかしな話ではありませんか。

そもそも親子で話し合い納得し、すんなり子どもから離れるのが卒乳だったはずです。飲みたいと泣き叫ぶ子どもから乳をむりやり取り上げる行為は、親がシャットアウトすることになり、子どもの心に親に拒否された思いを残すことになる。子どもを不安の渦の中に突き落とすようなことはすべきではない。そういう指導を受け、いつか訪れるだろう卒乳を待ち、母親たちは寝不足を抱えながらも夜中の授乳の求めにも応じて来たのです。しかしながら結果的には過半数の母親たちが断乳をしています。そうやって断乳したことで、母親たちは負い目を感じ悩んでいます。これが「誤算」の現実です。

ＮＨＫの番組の中で特に気になったのは、断乳したという母親たちのコメントです。一歳九か月のころ、噛みつかれてあまりの痛さに断乳を決意した母親は、取り組んだ一週間、夜中は二時間おきにおっぱいをせがまれ、『何度もママの仕事として痛みに耐えなくてはならないのではないかと悩んだ』と語っていました。また、やはり一歳九か月で断乳したという別の母親も、身体のきつさに断乳したけれど、子どもにとってはどうだったのかと振り返ると述べていました。二人とも母親の都合で卒乳でなく断乳を選んでしまったことを、子にすまなく思っているのです。断乳で悩んでいる声や苦労して断乳した体験談が、サイトの投稿にも多く掲載されています。

YOMIURI ONLINE の「発言小町」（二例とも一歳七か月）

・断乳予定ですが、おっぱいが大好きで、すごく泣かれることが想像できます。現在、昼も夜も寝かしつけはおっぱいで、夜中も何回も起きては添い乳して寝かしつけている状態なので、どう寝かしつけてよいか悩んでいます。

・からし塗ったり、わさび塗ったり、絆創膏貼ったりしましたが、一歳七か月だとウェットテイッシュを自分で持ってきて拭いたり、絆創膏も二回目にははがされました。……上の子は寝付きのおっぱいで「断乳」でしたが、三〇分×一週間でした。

こどもちゃれんじのサイト「子育てインフォ」

・一歳三か月になった頃、昼は抱っこして寝るようになったのですが、夜眠りにつく前のおっぱいはやめられずにいました。ある夜意を決して、泣いてはだっこ、泣いてはだっこで、ねかしつけたものの、置けば泣くで、「パイパイ！パイパイ」と泣きじゃくる顔を見たらもういいやと思い、おっぱいをあげたら三秒で寝てしまいました。……私は今のこの時期できるだけ我が子との肌のふれあいを大事にしたいと思っています。

・二歳二か月頃、私が病気で遠い病院まで通うことになってしまい、やむを得ず断乳を決意しました。夜中は二時間おきにぐずり、だっこで寝かせるため、私の睡眠時間は無いに等しかったのですが、娘もガマンしているのだからと耐えました。

多くの母親が、できるだけ長く授乳することが母としての務めと感じ、早々と断乳することにためらいや後ろめたさを感じています。それが結果的に離乳時期を遅らせることになっています。しかし一歳を過ぎると、子どもにも知恵が付きます。おっぱいに塗った辛子をウェットティッシュで拭き取る程度の知恵比べなら、まだかわいいものですが、泣けばおっぱいをくれることを十分わかった上で、親の心を揺さぶっているのです。

では、どういう方法であれば、母子ともに良い離乳を終えることができるのでしょうか。

離乳の機会を逃さない指導を

二〇〇四年に翻訳された『月別の産後一年間子育て事典』[15]（メディカ出版、二〇〇四年）に、こう記されています。

多くの子どもは、九～一二か月の間に自分から離乳するものです。もし一八か月までに前述のような反応を示さない場合は、その後子どもの方から離乳することはあまりありません。

ここでいう「反応」とは、授乳中に落ち着きがなくなったり、無関心になったり、授乳時間が短くなったりすることだと説明しています。これが食べ物を他の方法から得る離乳の準備が整っているサインだというのです。

このサインを的確に捉えて、母親主導のもとに離乳を後押ししてやることで、次の段階へとスムーズに移行できるのではないでしょうか。それもできるだけ短期間で、しかも子どもに知恵が付く前に終えることができれば、子どもの心に傷を残さずにすみます。そしていつも、子どもが不安を抱え母親の懐へ飛び込んできたときには、おっぱいをあげなくともしっかり抱きしめてやれば、子どもはエネルギーを充填し、笑顔で歩き始めるはずです。

またこの本の著者は、体調の悪いときや歯が生えかけたときにも、子どもは同様の反応を示すので、誤解しないようにとも助言しています。子どものサインを見極めようとすれば、自ずと母親は授乳中の子どもを観察するようになり、それは母性を養うことにもつながります。

「子どもを抱いて顔を見ながら授乳を！」と賢明に声かけをしても、授乳しながら携帯電話でメールをしたりサイトを見ている母親が多くなったという話をよく聞きます。実際に、二〇一一年二月十九日に開かれたフォーラム「子どもとメディアのよい関係づくり」の講演で、NPO法人「子どもとメディア」の調査によると、携帯メールをしたりテレビを見ながら授乳する母親が八割に上ったと報告されました。無論「〇〇しながら授乳」は今に始まったことではありません。しかし八割は驚くほど高い数値です。

いつ終わりがくるか予想もつかない長期戦の授乳だと、緊張感を欠き「ながら授乳」への問題意識も薄れます。また子どもの精神的安定のために、ともかく「泣けばおっぱい」を続け、子どもから自然に離れるのを待っていればいいのだと、短絡的に捉える受動型母性が形成されていく恐れも多分に考えられます。

つまり日本ではこの約三〇年の間に、母性を育てる絶好の機会を逃し、知恵が付いた子どもと涙の断乳バトルを繰り広げ、苦労した報いどころか、断乳したという負い目を抱える母親を生みだしてきたのです。その母親たちの中には、卒乳を目指していたときに聞いた「むりやり乳を取り上げてしまうと、後々問題が表面化する」という言葉に戦々恐々としつつ、子どもの顔色を窺いつつ育児をしている人たちも、きっといることでしょう。一生懸命我が身を犠牲にして育児を頑張ったのに、母親側に育児不安と負担感が残ってしまうのは、そして家事労働が軽減しているにもかかわらず、母親の育児負担率を三倍にも押し上げているのは、こうした育児指導の結果なのです。

約三〇年前ということは、筆者の行った調査で考えると、一歳半の子どもを育てている母親世代が生まれた頃です。彼女らの母親たちは、厳しい断乳指導を受けてきた最後の世代でしょうから、現代の母親たちと子育て方法で齟齬《そご》が生じるのも当然です。伝承されてきた知恵は、ここで断ち切られ、しかも専門家による育児指導にも一貫性が見られないとなると、母親たちは何を頼りに育児をすればよいのでしょうか。

『毎日新聞』(二〇一一年二月十四日)によると、イギリスのカーディフ大学と製薬会社メルクセローノの共同で、欧米、中国、日本など一八カ国の男女一万人(平均年齢31・8歳)を対象にインターネットで妊娠に関する知識調査を行ったところ、日本人女性の正答率は35・8%で一七位、男性も37・4%で一六位と、最低水準だったそうです。調査責任者のジャッキー・ボイバン教授は「知識不足や育児への負担感が日本の出生率の低さにつながっている」と分析しています。今の歪んだ育児指導が続く限り、母親たちの苦悩と育児負担率は軽減されることはないでしょうし、出生率が上がる可能性も見えてこないでしょう。

実は、先程紹介した『月別の産後一年間子育て事典』の著者の一人は、現役のおばあちゃん小児科医（一九九九年現在）だそうです。経験に裏打ちされた確かな知恵は、祖母から母へ、そして母から子へと受け継がれてきた中にあることを、再認識するべきではないでしょうか。

育児不安が子どもの甘やかしに

こうした「卒乳」という母子のふれあいを求める動きが推し進められた背景には、学校でのいじめによる自殺や親殺し子殺しの事件、さらには一〇代の子が残虐な事件を起こすなど、社会的病理現象が噴出したことがあると思われます。最高裁で二〇一一年三月に死刑が確定した元少年三人が、連続リンチ殺人事件を起こしたのは一九九四年、酒鬼薔薇聖斗と名乗る一四歳の中学生が、幼い子たちを連続殺害したのが九七年、九九年にも栃木で未成年者によるリンチ殺害事件が起きています。

親が愛情をいっぱい注げば、もっとストレートにいえば、乳房を介した母子のふれあいを長くさせれば、キレる子や心荒む子にはならないはずという願いにも似た思いが、垣間見えるのです。では卒乳の旗振りのもとに母親が取り組んだ長期母乳継続が、子の心に有益に働いているという分析がなされているのでしょうか。いじめや自殺、無差別殺人は相変わらず起きています。さらに不登校やひきこもりが増え、その問題も深刻です。換言すれば、約三〇年前まで心を鬼にして断乳してきたことが、母子関係のあり方やメンタル面でどのようなマイナスの影響を及ぼしていたかという検証がなされているのか、懐疑的にならざるを得ません。研究者の論文の中にも、母乳栄養児の母親の意識について調査した結果、母子の心身の状態や母子関係を良好に経過させるため、児が一歳を過ぎて一人歩きするまでを目標に母乳を継続するようにという指導に有用性があると説明できるのか、今後の課題としたいという報告[16]もあります。

社会的不安が、子どもの要求を丸ごと受け止める甘やかしの子育てで解消できるとは、どうしても思えません。しかし既述したように一九九七年調査では、「添い寝」賛成論の記述がイギリスの某育児書に見え、『シアーズ博士夫妻のベビーブック』にはアメリカでも添い寝を好む家庭が増えていると書かれてあり、「夜泣き」対応へのアドヴァイスも、愛情を持って厳格に対応することが親子双方のためという指導から、泣かせたままにせず子どもの要求を満たすようにと変わってきています。

改めていうまでもなく、日本では親子別室就寝を望んでも叶わない住環境から、好む好まざる以前に「添い寝」の習慣が大衆文化の中に根付いてきました。ですから「夜泣き」する我が子に乳を含ませることは、泣き声で家族の眠りを妨げないためにも、極々自然な行為でした。そういうこともあり、大きくなるまで母親の乳房をまさぐっていた子は結構多くいたものです。そうであるならば、なぜこのことを今問題とするのかという疑問を抱かれるかもしれません。一九四〇年代に転換された子ども中心主義の世界的な流れで、「子ども目線に立つ」という基本ともいうべき子育ての基盤を確認できた点は大いに歓迎すべきことですが、それが前面に押し出されたばかりに、「甘やかし」と「寛容」の境が見えなくなってきているところに筆者は危惧を覚えるのです。

甘やかし文化に輪を掛ける今の育児

子だくさん時代に生まれ育った人たちは、親の愛情不足で社会問題になるほど心に歪みを持っていたという論が、いったいどこにあるでしょうか。兄弟姉妹が多い家族構成では、添い寝している母親の乳を夜中にまさぐることが許されている反面、我慢を強いられる場面もまた日常茶飯事だったはずです。しかしそのことで子どもの心の育ちとしてはバランスが取れていたのでしょう。

それに比べて少子化の現在、子ども一人に注がれる母親の愛情は無限大です。栄養のための授乳時期を終えて久しい子に、母親の乳をまさぐらせることも、歩ける三歳を過ぎた子をベビーカーに乗せることも、甘やかしという批判の対象ではなくなっています。それどころか、泣く子どもの欲求が理にかなったものであるのか、単なる甘えであるのか、その判断すら必要ないという声なき声すら感じます。「甘えて泣いてなぜ悪い」「子どもは甘えるもの」「親は子のすべてを包み込んであげるべき」「いつまでもオムツをしている子はいない」「たった数年の我慢ではないか。母親ならば応えて当たり前」という考えです。こうした子どもの甘やかしを良しとする方向、その流れが、「もともと子どもを甘やかす伝統を持つ日本で、更に子どもをあまやかすことにつながった」と主婦の投稿誌『わいふ』（現『Wife』）の編集長を三〇年勤め、乳幼児の母親向けの通信講座「ニュー・マザリングシステム」を展開している田中喜美子氏は『大切に育てた子がなぜ死を選ぶのか？』（平凡社新書三六〇、二〇〇七年）で指摘しています。

また母性研究の第一人者である大日向雅美氏は、夫婦関係を重視する欧米では、いつまでも子どもが乳房にぶら下がることを許さない父性的な機能が母子密着を断ち切るのに働くが、その機能が希薄な日本社会では、母性愛の名のもとに、子どもに密接に関わることが「よき育児」とする母性観を助長させ、結果的に母子密着の温床が作られていると、著書『母性神話の罠』（日本評論社、二〇〇〇年）に記しています。

深層心理学者の河合隼雄氏は、母性の原理とは「包含する機能」で示され、肯定的には生み慈しみながら育て、否定的な側面としては、子をも呑み込み、しがみつき、死に至らしめるものと

『母性社会日本の病理』（講談社＋&文庫、一九九七年）で述べています。

子をお腹に宿した時点からスタートする母性が、育児を通して肯定的な側面がうまく表出されていくのか、はたまた過度なプレッシャーや期待から否定的な側面が助長されていくのか、どちらにベクトルが振られるかによって、包含される子が影響を受けないはずはありません。

実際に筆者が行ったアンケート調査でも数値として表れています。「甘え泣きかどうかの区別がついたか」という質問に、日本の小学高学年生の母親のうち45・9％が「そう」「どちらかというとそう」と、幼稚園年長の親では44・8％が、一歳半〜二歳では51％が同様に答えています。が、「泣いたらすぐ抱くべきか」という質問に、同じように肯定した回答を寄せた親は、小学生の親で45・7％、幼稚園の年長で47・2％、一歳半〜二歳では63・2％という結果です。因みに韓国では、小学生の母親34・1％、幼稚園の母親で37・9％でした。この日韓の10％の差が大きいと感じざるを得ません。

すなわちこの結果から、子どもが甘えて抱いてもらいたがったとしても、「甘え」「癖」という否定的な捉え方ではなく、子どもの欲求をすべて受け入れようとする母親の立ち位置が見えます。しかも年々その傾向は強まっているのです。

「ダキグセ」とパソコンに入力しても、「抱き癖」が一回で画面に出ることはありません。また筆者が二〇〇九年に三〇代の母親たち数名に「抱き癖」について意見を求めたところ、この言葉の意味そのものが分からないと答えた人がいました。さらに遠州総合病院小児科の桜井迪朗氏と静岡県立大学短期大看護科の小出扶美子氏が、育児書における「抱き癖」の記載について調査した報告書によると、昭和四〇年代後半まで続いていた「抱き癖をつけないように」という育児書への記載が、昭和五〇年代（一九七五年以降）に入ると軽視され、むしろ「抱いて良い」と記載されるようになったとあります。[17] 既に「抱き癖」は死語化しているということでしょう。育児の視点が、親から子どもの側に、母親の姿勢は子を包含していく甘やかしの流れに変わったことを、このことからも確認できます。

リーマン・ショックによる世界的経済危機で不況の嵐が吹き荒んでいようが、巷には物が溢れ、家事労働からも解放されている現代の育児は、一九八〇年代以前のそれとは大きく異なります。子どもを背中に負ぶって働き続けてきた当時の母親たちにとっては、Attachment Parenting は生きていくための必然が先にありました。子どもの側から考えても、労働に汗する母親の体温に心地良さを常に感じていたかといえば、そうとは限りません。動きが自由にならない不満もあったでしょうし、暑い時期は背負われている子もまた我慢の連続だったはずです。生きていくための忍耐を母子共に強いられながら、子も母も成長してきた時代だったに違いありません。

さらに、いつだって子どもの要求を叶えてやりたい母心を押し殺し、心を鬼にして泣き叫ぶ子に毅然とした態度で断乳を決行する、この難所を越えることで親としてワンステップ成長してきたのではないでしょうか。そしてその背中を押していたのが、かつての育児指導だったのです。親は子に対し厳しい顔も持ち合わせなければならない、それを学ぶ最初の機会であったはずです。子が厳しい試練を突き付けられているとき、親が手をさしのべ抱え込まずとも、子は子で乗り越えていく、それをじっと見守るのも愛情のかけ方の一つという子育ての重要な鍵を得て、母と子の二者関係は確立していくのです。そういう育児経験者の指導が否定され、「抱き足らない症候群」を出さないため、「自然卒乳」の旗振りの下、母は子を抱き続け、夜中も授乳を頑張ってきているのです。泣く子を抱きしめる姿は、慈愛に満ちた母性の象徴でもあります。子を泣かせ母自らも辛い思いを余儀なくされる断乳を、必要に迫られなければ誰が好き好んで選ぶでしょうか。まして社会から「青少年の非行は親の愛情不足から」といわれれば、ひたすら子を抱き長期授乳の育児に励みもするでしょう。

国によっても育児環境によっても異なる「添い寝の是非」や「紙オムツか布か」「抱っこかおんぶか」などについて、あれこれ異論を唱えてみても、それが子どもの育ちにはあまり意味を持ちません。しかし子どもとどう向き合うのか、つまり育児理念の基軸をどこにおくかによっては、子どもの心の育ちに与える影響は大きいはずです。一方母親の側に立てば、子育て責任という強いプレッシャーが、母親としての立ち位置を固定化しかねないことや負の方向に作用すれば母親を追い詰めることにもなります。厳しい「夜泣き」対応や子どもからのサインを見逃さないよう、いつも子どもの目を見ながら授乳し、時が訪れたら親主導による「断乳」を促す指導による育児と、子ども中心主義に根ざすただただ子どもを泣かせないための育児とでは、その後の子どもの心の育ちはもちろんのこと、母性の形成も異なるに違いありません。

本郷寛子氏も、やはり「母乳育児の保護、推進、支援に関するイノチェンティ宣言」を著書の中に引用していますが、次のような説明を付けています。

ここで述べられているのは、女性が母乳育児を義務としてしなければならないということではありません。子どもを産むことと同じく、母乳育児は強制されてするものではありませんし、苦しみながら果たす義務でもありません。

さらに、

母乳育児は女性としての肉体的・精神的な喜びをもたらすもので、女性を母性の枠に閉じ込め、隷属させるものではありません。

とも述べ、母乳育児を望む親が、安心して続けられる環境を整え支援することの重要性を強調しています。

本郷寛子氏のいうように、初乳やそれ以降も母乳育児を続けられるよう支援はしても、強制であってはなりません。それなのに「卒乳は母親としての務め」という風潮が、女性を造られた母性概念に隷属させ苦しませている、その現実を直視するべきです。

1. 恒吉僚子・Sarane Spence Boocock『育児の国際比較』ＮＨＫブックス、一九九七年。
2. American Academy of Pediatrics, Works Group on Breastfeeding. Breastfeeding and the use of human milk, *Pediatrics*, 2005, 115, pp. 496-506.
3. 日本ラクテーション・コンサルト協会 http://jalc-net.jp/JALC%20RESPONSE.pdf
4. http://www.babycenter.com/404_are-we-damaging-our-baby-by-letting-him-cry-himself-to-sleep_2644.bc
5. 中尾優子・前田規子・宮原晴美「卒乳…乳離れ・離乳・断乳との概念関係に関する一考察」『長崎大学医学部保健学科紀要』14(2)、二〇〇一年。
6. アルバニア、アルメニア、アゼルバイジャン、ベラルーシ、ボスニア・ヘルツェゴビナ、ブルガリア、クロアチア、グルジア、カザフスタン、キルギス、モルドバ、モンテネグロ、ルーマニア、ロシア連邦、セルビア、タジキスタン、旧ユーゴスラビア・マケドニア、トルコ、トルクメニスタン、ウクライナ、ウズベキスタン

7. http://whqlibdoc.who.int/publications/2008/9789241597890_eng.pdf
8. http://aappolicy.aappublications.org/cgi/reprint/pediatrics;115/2/496.pdf
9. 一九九九年十一月二十二日、文京区音羽幼稚園の若山春奈ちゃんが、春奈ちゃんの母親と親しかった山田みつ子によって殺された事件。いわゆる「お受験」が原因とされている。
10. 中田かおり「母乳育児の継続に影響する要因と母親のセルフ・エフィカシーとの関連」『日本助産学会誌』Vol. 22、二〇〇八年。
11. USJAPANMED　サンディエゴ地元紙「ゆうゆう」二〇〇七年一月一日掲載記事、『第78回　母乳と離乳食　その2』。http://www.usjapanmed.com/index.php?option = com_content&view = article&id = 166:complimentary-foods&catid = 33:americanotes&Itemid = 31
12. 『New England Journal of Medecine』「母親によるアタッチメント、産褥初期の重要性」一九七二年三月号。
13. 「母子衛生研究会」http://www.mcfh.or.jp/netsoudan/article.php?id = 619
14. 平成15年度厚生労働科学研究『地域における子育て支援ネットワークの構築に関する研究報告書』。
15. Arlene Eisenberg, Heidi E murkoff,Sandee E Hathaway 著『月別の産後一年間子育て事典』メディカ出版、二〇〇四年。
16. 吉橋和子他「母乳栄養児の母親の意識調査　断乳の時期を検討するために」『助産婦雑誌』No. 11、二〇〇〇年十一月。
17. 桜井迪朗・小出扶美子「「抱き癖」に関する育児書の記載の変遷と新旧の母親の乳児の泣き声識別能力比較」『チャイルド　ヘルス』Vol. 1、一九九八年。

第四章　不登校者数増加時期と重なる育児指導変化

「明るい不登校」「悩まない不登校」という言葉があります。詳しくは後述しますが、こういった不登校現象は、第二章で紹介した韓国の「辞退生」とは全く異なるものです。自ら学校へ行かないことを選択したという点では同じですが、韓国の彼らが自信にあふれ、自立を目指しているのに比べ、日本の「明るい不登校」「悩まない不登校」にある子供たちの多くは、先が見えない中で悶々とした生活を送っています。ならばなぜ「明るい」「悩まない」という形容詞が付くのか、なぜこうした現象が起きているのか、本章では、日本ならではのこの現象について、そして不登校者が増え始めた時期と育児指導が変化した時期との重なりについて考えます。

学年別不登校児童生徒数（H21年度）

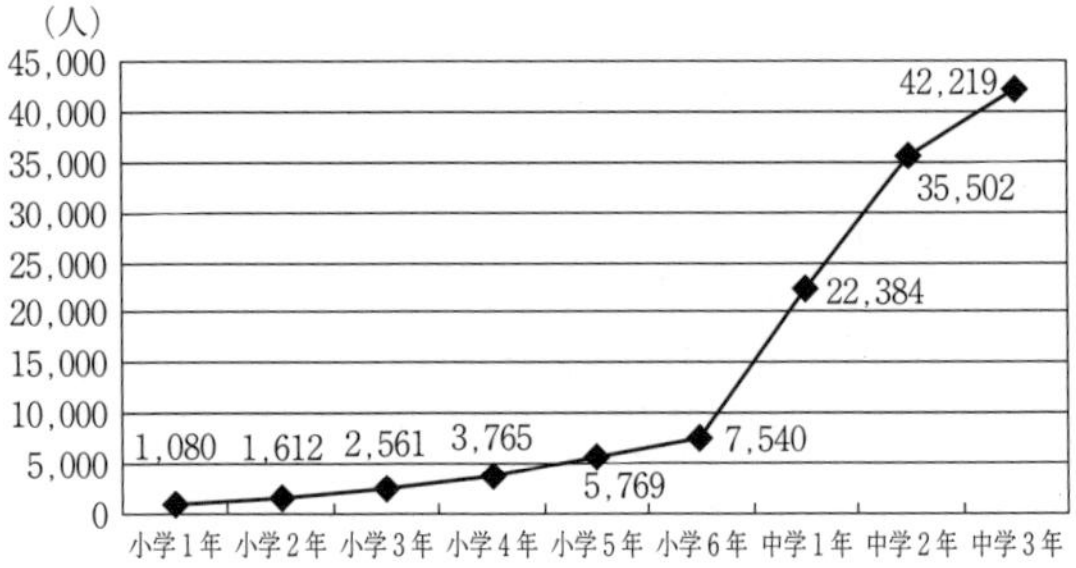

文部科学省 HPより作成

不登校者数の状況

このグラフは、二〇一〇年八月に発表された文部科学省による「平成二十一年度児童生徒の問題行動等生徒指導上の諸問題に関する調査結果」のデータをもとに作成したものです。

夢と希望を胸いっぱいに膨らませて入学した小学一年生のうち約千人の児童が学校へ通えずにいます。六年生になると、不登校児童数は、その七倍にも膨れ上がり、さらに中学に入ると、小学六年生の約三倍、中学三年生では五・五倍もの率で不登校者数が急激に増加することが、グラフから見て取れます。全児童生徒数に対する割合では、小学生０・32%、中学生２・77%です。つまり中学生の不登校者数は、小学生の九倍にもなるのです。

男女の割合を見ると、男子が小学生では52・6%、中学生では50・1%と、性差に違いは見られません。

不登校生徒が在籍している小学校は、公・私立をあわせた平均で42・9％、中学校では、85・5％にも上ります。

ここに示した「不登校者の在籍学校率」の表で分かるように、中学校の場合、私立の率も七割を超えた高い数値です。すなわち不登校になる原因が、地域性に因るものでも、また公立私立の区分に因るものでもないことを、日本の85％もの中学校で不登校生徒を抱えているという事実が物語っているといえるでしょう。

なお私立小学校の割合が低いのは、近年私立小学校数が増えてきたとはいえ、まだ全体の1％に過ぎず、しかも学費の高さからも、経済的にゆとりがある家庭でないと通わせることができない特殊な状況下にある教育ということが大きく影響していると考えられます。

調査では複数回答で理由も聞いています。いじめを理由に挙げている小学生は2・1％、中学生では2・6％しかいません。最も多いのは「その他本人に関わる問題」という項目です。小学生で44％、中学生では43％がそれを理由としています。次に多いのは、小学生では「親子関係をめぐる問題」で19・3％、中学生は「いじめを除く友人関係をめぐる問題」で19・1％でした。

不登校者の在籍学校率

区分		比率（％）
小学校	国立	43.2
	公立	43
	私立	29.5
中学校	国立	88.6
	公立	86.5
	私立	72.8

文部科学省 HP より作成

次に経年比較で、この約二〇年間の不登校者児童生徒数の変化を追ってみましょう。次頁の表も、文部科学省の「平成二十

小中学校における不登校児童生徒率

年	小学校	中学校
1991（H3）	0.14	1.04
1992年	0.15	1.16
1993年	0.17	1.24
1994年	0.18	1.32
1995年	0.20	1.42
1996年	0.24	1.65
1997年	0.26	1.89
1998（H10）	**0.34**	**2.32**
1999年	0.35	2.45
2000年	0.36	2.63
2001年	0.36	2.81
2002年	0.36	2.73
2003（H15）	0.33	2.73
2004年	0.32	2.73
2005年	0.32	2.75
2006年	0.33	2.86
2007年	0.34	2.91
2008年	0.32	2.89
2009年	0.32	2.77

文部科学省 HP より抜粋し作成

一年度児童生徒の問題行動等生徒指導上の諸問題に関する調査結果」のデータをもとに作成したものです。太字にしてある一九九八年から不登校者率が小学生では０・３％、中学生では２％の大台に乗り、前年度より大幅に増えています。二〇〇〇年には小学生０・36％、二〇〇七年には中学生２・91％という最高値を出すまで増え続け、小・中学生ともに一九九一年度の２・５倍以上にも膨れあがっています。

もう少し丁寧に数値を追うと、小学生の場合、一九九五年度までの年次数値増加は０・01～０・02前後ですが、一九九七年と九八年の差では０・08の増加です。しかし増加の兆候は一九九六年度に既に見られます。中学生も同様に、一九九六年は前年度差で0・23％、九七年も0・24％、九八年には0・43％と大幅に増加しています。

不登校状況を憂い、一九九一年に厚生省は「引きこもり・不登校福祉対策モデル事業」を打ち出しています。翌年には「学校不適応対策調査研究者会議」で「不登校はどんな家庭のどんな子にも起こりうる」の報告がなされています。同年、学校外の公的機関や民間施設で相談や指導を受けた場合、出席扱いにするという対応が取れるようになり[1]、翌一九九三年には学校外の公的機関や民間施設への通学定期乗車制度の適用が認可されています。また一九九五年、中学校を中心にスクールカウンセラーの配置を開始、さらに二〇〇二年、文部科学省に設置された「不登校問題に関する調査研究協力者会議」の報告をもとに、教育支援センターや支援団体、NPO等との連携体制を取り始めてもいます。こうして様々な方策が講じられているにもかかわらず、二〇〇一年まで不登校者数は増加し続け、小学生で0・3％、中学生でも2・7％を切ることができない数値のまま膠着してしまっている感は拭えません。こうした不登校状況を日本は三〇年間も抱えているのです。

「明るい不登校」「悩まない不登校」

「登校拒否」という表現が「不登校」という言葉に置き換わったのは、一九八〇年に入ってからです。古くは「学校恐怖症」といわれ、母子の依存的共生的関係に問題があると考えられていましたが、一九八〇年代に入ると家庭内暴力やいじめ事件が頻発し、その背景に学校の体制や詰め込み教育に問題があるとする「学校病理」説に、一九九〇年代以降は、大幅な不登校者数の増加や因果関係が掴めないことから、特定の子だけではなく、どの子にも起こり得る事態は社会病理と考えるべきという認識に落ち着いています。

不登校者数の倍増および世の風潮について、不登校問題やひきこもりに詳しい小林正幸氏は次のように述べています。

> 一九九二年、「誰もが不登校になる」のフレーズで有名になった文部省の学校不適応対策調査研究会議の報告が出された。このことから登校を無理に促さない風潮が生まれたことも指摘しておきたい。この風潮が不登校を倍増させる契機にもなったとする指摘もあるが、登校圧力による葛藤から自宅や自室にとじこもるタイプの不登校が減少したとの印象がある。このことに関する指摘は、一九九〇年頃に多く行われ、当時は、「明るい不登校」「悩まない不登校」の名称が、一部臨床家の中で使われたこともあった。[2]

二〇一一年春に聞いた友人（埼玉県某小学校の評議員）の話では、「いやがる子を無理に学校へ来させる必要はない。子どもの精神的不安を取り除くことができなければ、よりマイナスになる」という方針のもとに指導が行われているそうです。また以前にはなかった現象として、授業には参加できないけれども、放課後や休みの日に友だちと遊ぶことはできる、そういう子供たちがどの学年にもいるというのです。

少し遡りますが、二〇〇九年に、埼玉県の小・中学校で相談員として勤務している三人から話を伺う機会を得たことがありました。不登校状況やその原因について意見を求めると、長年この仕事に携わって来られた方から、予想に反する言葉が返ってきました。原因の一つとして、躾けができない親、つまり親の指導力の低下に問題があるのではないかという指摘です。

話を聞く時点では、不登校になる原因は、人間関係を構築できない子どもの弱さにあると捉えていました。つまり塾や習い事に通う過熱教育がゆえに、異年齢の子供たちとの関わりが希薄な学童期を過ごさざるを得なくなり、その結果与えられた課題をこなす受動型人間や人間関係を築けず、ちょっとしたことでストレスを抱えてしまう子供たちが増えたのではないか、つまり子供たちを塾などに追い立てる「親の強さ」に原因があると思っていたのです。ところが、その相談員はむしろ「親の弱さ」だと断言したのです。

確かに、学校へ行きたくとも「行くことができない」のではなく、明確な理由もなく「行かない」子が増えています。二〇〇九年三月まで、筆者が五年間教鞭を執っていた定時制高校では、小・中学校時代に不登校だったという生徒が、どの学年にもかなりの割合でいました。時には入学者の約六割を占める年もあったほどです。彼らのほとんどは、小・中学校での長い不登校生活のために内申点が悪く、学力的にも普通校をねらえず定時制を選んだ生徒たちでした。中には昼夜逆転生活を続けてきたため、昼間の学校に通う自信がなかったと本音を吐露した生徒も一人や二人ではありません。本来定時制高校とは、経済的理由から昼間は働いて家計を助け、夜勉学に勤しみたいという生徒たちの学びの場でしたが、近年はこのように様変わりしています。

しかも不登校の理由を聞いてみると、「何となく」「勉強が面倒だったから」とか、「家でゲームをしたりマンガを読んだりテレビを観ている方が楽だから」と、悪びれもせず答える生徒が決して稀ではありませんでした。こうした特に理由を持たない不登校の生徒たちが、厳しい見方をすると、刹那的に安易な生活の中で、自己満足の世界に浸っている生徒たちが年々増えているという事実を認めないわけにはいきません。

多くの親は、子どもが休み始めた頃は、学校へ行くよう叱ったり優しく諭したりあらゆる手を使い一生懸命関わります。しかし子どもが、家族の寝静まった真夜中に活動し、陽が昇ると寝てしまう昼夜逆転した生活リズムを取り始め、そうした親子すれ違いが続くようになると、子と向き合うことを諦めてしまうのです。

小学生高学年や中学生になると体つきも大きくなり、親のいうことを力ずくで聞かせることはできなくなります。その上乱暴な物言いや家庭内暴力が始まると、親が子どもの奴隷と化す、奴隷とまではいわなくとも、腫れ物に触るように過ごしている家庭が非常に多いのもまた実態です。

もはや登校を無理に促さないことは、「風潮」の域を超え、「明るい不登校」「悩まない不登校」が、不登校特質区分の一角をなしているともいえる状況です。

一九八〇年代前後からの子育て変化の影響

こうした「明るい不登校」「悩まない不登校」が生み出される基盤はどこにあるのでしょうか。また「親の弱さ」はどういう過程を経て形成されていくのでしょうか。もちろん不登校の原因は、識学者が論ずるように、家族の問題を含めた生活環境、学校環境、友だち関係、社会状況など、多因子が複雑に絡み合ったものと考えるべきです。しかしその一端を、「子育て」の視点で捉えると、不登校者数が増加傾向にある時期と、子育て方法が大きく変化する時期に関連性があるように思われるのです。

例えば増加の兆候が見られた一九九六年現在で中学三年生であった子供たちは、一九八三年頃に乳幼児期を過ごしていたということになります。文部省の学校不適応対策調査研究会議で「誰もが不登校になる」という言葉が出た一九九二年に、小・中学生だった子たちが生まれたのは一九八〇年前後です。つまり既に述べてきたように、一九八〇年前後から日本の育児方法、それは母親による育児だけではなく、保育や教育にかかわる全ての機関の指導指針が大きく変化し、多くの母親たちが参考としたであろう雑誌でも、徐々に指導内容が変化していったのも、このあたりからだったのです。

第三章で詳しく述べたように、一九七五年頃から「抱き癖」が軽視されるようになり、一九八一年以降「卒乳」へ舵を切った時期から、子どもの甘えを丸抱えする方向へ傾倒していきました。「断乳は一歳までに母親の責任で」と厳しく指導されていたものが、一九八七年頃には一歳半に、一九九五年では二歳までにと、ずるずると箍《たが》を緩め、今や子どもが自然と離れるまで乳を与えても問題ないという指導に変わっています。

一九九〇年三月二十七日には、二十五年ぶりに「保育指針」（厚生省）が改訂になりました。大きく変更されたのは、「保育者の主導型」の保育活動から「子ども中心型」の保育へという点です。この流れが、幼稚園・小学校等の指導にも波及して行きました。「保育指針」の文言によれば、もともとは「適切な環境構成ということに重点をおき、それに子供が主体的に関わり、その活動を望ましい方向にむかって展開することを援助する」ということでしたが、現場では、他者と比較しないように絶対評価制度に変更され、またどの子も主体的に参加できるようにという方針から、徒競走で順番をつけない、学芸会のお芝居では主役が何人も入れ替わりで登場する、さらには平等の観点から学級委員長を置かないなどということが展開されていきました。

まさに家庭はもとより、保育所や幼稚園、学校でも子どもを傷つけないよう包含することに過敏になっていったのが、一九八〇年代、いやその数年前辺りからなのです。

小林正幸氏は、文部科学省が統計を取り毎年発表している五〇日以上の長期欠席者数の経年表から考え、小学生についていえば一九七九年生まれ以降の世代から学校のシステムがあわなくなっていると『不登校児の理解と援助』（金剛出版、二〇〇三年）で、指摘しています。この一九七九年生まれ以降という視点は、筆者が睨む一九八〇年以降の育児方法の変化時期とほぼ合致します。学校のシステムが合わなくなったのではなく、合わせることができない子が増えてきたということでしょう。つまり新しい方法での育児が、子どもたちやその子育て方法を信じ懸命に努力してきた母親たちに、何らかのマイナス要素をもたらし、その一端が不登校という形で数値に現れてきたのではないかと考えるのです。

「登校を無理に促さない」風潮も、「明るい不登校」「悩まない不登校」も、こうした「子ども中心主義」に基づき、良いように言えば、子どもが自主的に動き出すまで待つ対応、しかし厳しく捉えると、子どもにストレスを与えないようにそっと真綿でくるむ対応から生まれた風潮であり、意識ではないでしょうか。

國米欣明氏は「不登校の生徒児童にも、その親たちにも何の落ち度もない。あるとしたら子ども中心の育児法そのものにあった。むしろ親も犠牲者だ」と『その子育ては科学的に間違っています』（三一書房、二〇〇七年）で述べ、それを防ぐには三歳までに自己抑制力を発達させることが重要で、規則正しい授乳や甘え泣きと分かればすぐには抱かない育児を提唱しています。過保護、過干渉傾向が強い母親の子育て、高学歴路線に乗るための塾通い、これらが不登校やひきこもり、果ては無差別殺人や自殺といった青少年の病理原因の一端と一般的には考えられてきた向きがあります。筆者も本研究に着手する時点では、その立ち位置にありました。しかし高学歴重視社会である韓国との比較研究によって、これらの定説が覆されたといっても過言ではありません。韓国の母親の方が、過保護、過干渉傾向も躾の厳しさも、高学歴を得るために子どもたちを叱咤激励する強さも、日本の母親たちよりはずっと強いのですから。日本のひきこもりについて、斎藤環氏は『社会的ひきこもり』（ＰＨＰ新書、一九九八年）で

親は強い愛情によって、必死に本人の心を鎮めようとし、そのように力めば力むほど、本人の要求や状態に振り回される。本人もまた、自分を愛し、必要としてくれる存在を強く求めている。しかし一方でいつ見捨てられても仕方がない人間という認識も捨てられない。母親が尽くせば尽くすほど、母親なしではやっていけない弱い存在と思い知らされる。母親の捨て身の

献身が、暗に相違している

と述べています。

この母が子を抱え込む日本のひきこもり状況と韓国のそれは異なります。なぜならば斎藤環氏のいう「母親の捨て身の献身」が、韓国と日本とでは明と暗ほどに違うからです。第一章のアンケート結果や第二章でも確認したように、韓国の母親は子どもに過保護、過干渉気味に関わりますが、その一方で厳しく子と対峙する強さを持っており、親子間の二者関係の基盤がしっかりと築かれているのです。よって親子の依存関係は韓国でも強いといわれますが、母子密着から抜け出したいと嘆きつつ親子でその呪縛に溺れる日本の構図と同じとは考えられません。国民性の違いが根底にあることは否めませんが、この差を広げた要因のひとつに、育児指導の変化があるといえるのではないでしょうか。

1. 『登校拒否問題への対応について』平成四年九月二十四日付、文初中第330号参照。
2. 小林正幸「不登校、いじめ問題の視点から」『平成19年度若年者自立支援調査研究報告書』東京都青少年・治安対策本部、二〇〇八年。

第五章　少子化から抜け出せない理由

二〇一一年二月、内閣府社会労働調査室から「スウェーデンの子育て支援策」が、三月には独立行政法人労働政策研究・研修機構によって、フランス・ドイツ・スウェーデン・イギリス・アメリカの比較をもとにした「ワーク・ライフ・バランスに関する企業の自主的な取り組みを促すための支援策」が出ました。福祉先進国のスウェーデンや諸外国の政策から学ぼうという姿勢に、何とかして少子化打開の風穴を空けようという意気込みを感じます。一方では、子育て支援の給付金は、単なるバラマキにすぎないという厳しい批判が多く寄せられ、そこに空前絶後の東日本大震災と原発事故です。方向性を見失ったというのが実情でしょう。

しかし子育て支援のための給付金と同じくらい重要な改革がもう一つあるということに、恐らく多くの関係者は気づいていません。他国との比較によって見える日本の問題点を確認します。

出生率が伸びない理由あれこれ

「子どものためには自分が犠牲になるのは仕方がない」と健気に頑張ろうとしている母親の数値が、一九九七年度と比べ二〇〇八年度では、約1・7倍に増加していることや「子どもが三歳くらいまでは母親が育てた方がよい」と考える率が二〇〇八年度調査で六割近くいることを、第三章で紹介しました。この変化について、社会学者の宮台真司氏は、東浩紀氏との対談[1]で、不況により女性たちが「仕事での自己実現」よりも「足下の幸せ」を見直すようになったこと、また子育てしか選べなかった時代とは異なり、男女雇用機会均等法によって、男性並みに働くことが付加価値化されたけれど、実質的な選択、つまり子どもとの充実した時間を選んだ結果なのではないかと述べています。一方、東浩紀氏は、育児についての考え方というよりも、二〇〇三年の『負け犬の遠吠え』（酒井順子、講談社）の影響を受け、専業主婦＝勝ち組という自己イメージの変化を反映したものとも捉えています。

果たしてお二人がいうように、専業主婦業に就いた母親たちは、「仕事での自己実現」より子育てを選び、「勝ち組」とほくそ笑んでいるのでしょうか。

次頁のグラフは、内閣府男女共同参画局が二〇〇九年に行った「家庭生活等に関する意識調査」のうち、「夫は外で働き、妻は家庭を守るという考え」についての意見を問うたものです。平成四年以降六回実施された調査の中から、先程の調査年度と近い年のものをグラフにしました。「母親」と「妻」では抱える責任も異なりますし、内閣府の調査は男性も含めた調査であるため単純比較はできませんが、男女性役割分担意識に大きく変化が見られることは一目瞭然です。にもかかわらず「母親」となった女性が、我が身を犠牲にしてまで家庭を守る役割を選ぶのは何故なのか、そこを考える必要があります。

詩人であり社会学者でもある水無田気流氏が、著書『無頼化する女たち』（洋泉社、二〇〇九年）のなかで、ご自身の子育て経験を踏まえ次のように言い切っています。

> キャリア女性は、今の仕事と職場の地位を獲得するために、それまでのほとんどの全人生をコストにしているのである。にもかかわらず、それらがあっさり帳消しにされるのが「母親」という属性である。なぜか。それは、この国では「母親＝専業主婦」の前提が、まだまだ根強いからである。

夫は外で働き、妻は家庭を守る

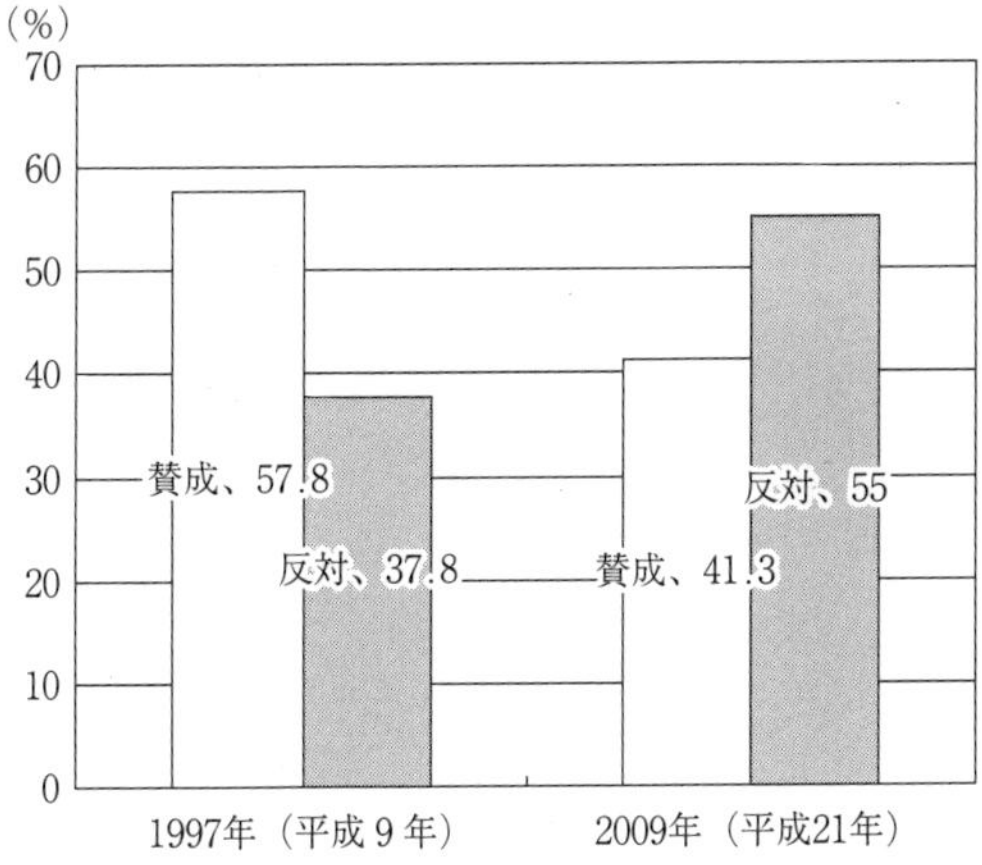

内閣府HPデータより作成

さらに母親だから感じる外部圧力についても言及しています。

この国では、どんなに行政が「ワーク・ライフ・バランス」を喧伝しても、育児の「現場」の言説は、性別分業と母子密着を前提としているのだ。そしてそれは、おのずと母親に過重負担を強いる。

「男性が育児参加できるワーク・ライフ・バランス」として、厚生労働省は平成十八年に次のように提言しています。[2]

我が国においては、男女ともに育児・介護など家庭を大切にしながら充実した職業生活を営むことのできる雇用環境の整備が求められている。特に、子育て世代において、仕事と生活のバランスのとれたライフスタイルを重視する男性が増えてきている。

企業内で基幹的役割を担うことの多い男性が育児参加できるようにするためには、育児休業等の休暇制度のみならず、日常的な育児参加を可能とするような柔軟な働き方や、短くて効率的な働き方によるワーク・ライフ・バランスの実現が必要である。

いつの時代も、女性が育児や介護を一手に引き受けてきたことはいうまでもありません。ところが高学歴を得て社会で活躍する女性たちが増え、バックアップする男女雇用機会均等法など男女共同参画が推進されることによって、その様相に変化が見え始めています。さらに女性の社会進出によって晩婚・非婚傾向が社会現象として現れ始めました。実際に未婚率は、グラフ[3]のように一九八〇年代以降、大きく上昇線を描いています。こうした変化は、女性が子どもを産む時期にも影響を及ぼしています。次頁の表で記したように、なんと約四四年前に比べ約四歳も遅くなっているのです[4]。それは自ずと出産数の減少につながります。また、たとえ結婚しても子どもを抱えて働ける環境が整っていなければ、少子化に向かうのは必然です。

女性の未婚率変化

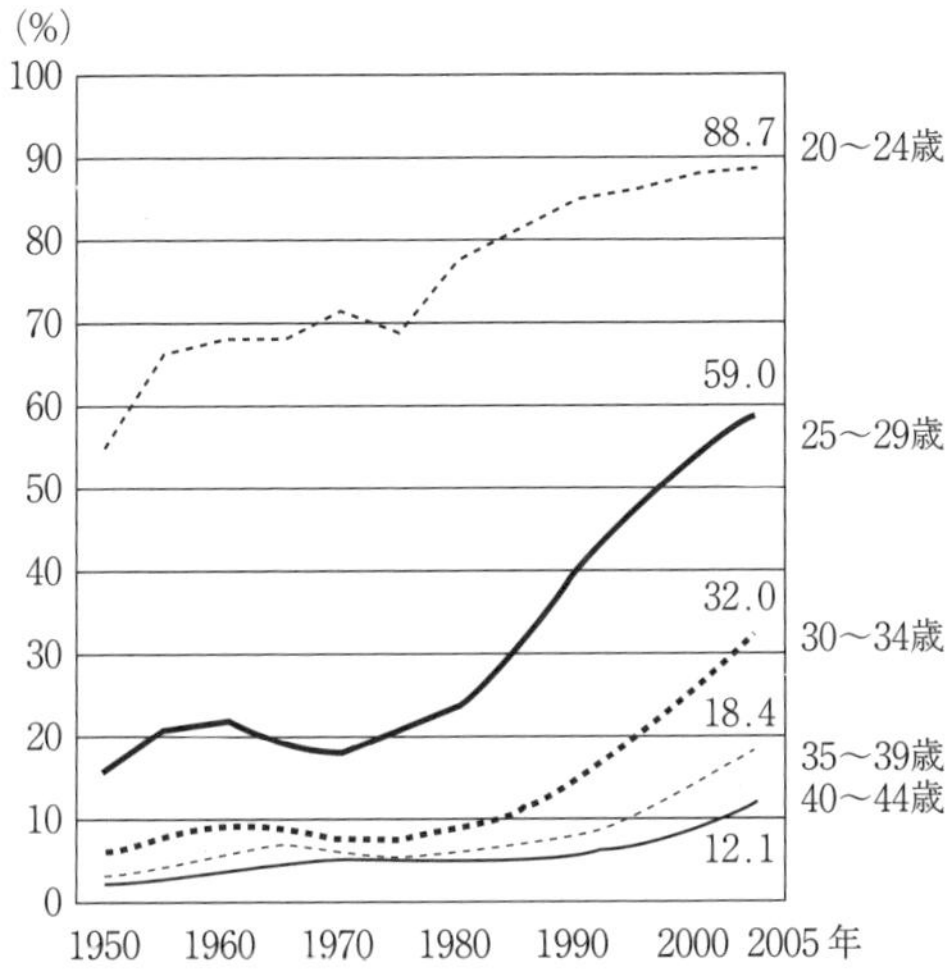

総務省HPより転載

　社会学・女性学者のジョーン・ヒューバーが、母乳育児による損益について、『ジェンダー不平等起源論』（見洋書房、二〇一

第１子出産時の母親の平均年齢

1965年	25.7
1975年	25.7
1985年	26.7
1995年	27.5
2005年	29.1
2010年	29.9

厚生労働省HPより作成

一年）で、「母親にとっては、その社会的利益はわずかであるが、高い威信をもたらす活動から女性が締め出されてしまうがゆえに、（社会的コストは）極めて高い」と述べていますが、日本では、母乳育児はもちろんのこと、「母親」を選択するということだけで既に、同義のコスト放棄を女性は求められているのです。

「ワーク・ライフ・バランス」の提言は、団塊世代の高齢化を目前にし、逆ピラミッド型の少子高齢化現象に歯止めをかけるため、男性が育児や介護に参加できる環境を整えようというのがねらいなのでしょうが、根本的なところでは、育児をする、または介護に携わる女性を「助ける」という意識に立脚していることは否めません。なぜならば男性側だけではなく、社会そのものが、いや日本の国民の意識が、「乳幼児期、子どもと密着する母は良い母親」であり、それを女性に求めているからです。その足かせが出生率に関係していることを、他国と比較しつつ考えてみましょう。

フランス及びスウェーデンと比較して

出生率が１・５を切っている日本と違い、二〇〇九年現在で２・０を保持しているフランス社会や出生率1・9のスウェーデンとの比較で考えると、日本社会が抱えているこの問題性がはっきりします。

表は、二〇〇六年に内閣府が行った「少子化社会に関する国際意識調査」のうち「自分の国は子どもを生み育てやすい国だと思うか」という質問への回答で、「とてもそう思う」「どちらかというとそう思う」の意見を合計した数値を書き入れたものです。なおここでは女性のみのデータで表を作成していますが、男性の数値バランスもほぼ同じ結果でした。

改めてコメントする必要がないほど、日本とフランス、特にスウェーデンとの間には歴然とした意識の差が見られます。スウェーデンは福祉国家として世界でも名を馳せていますので、恐らく誰もが、この差は子ども手当や保育所等の福祉政策の違いによる結果であり、想像の範囲と捉えることでしょう。実際に両国ともに、日本とは比較にならぬほど充実した支援体制が取られていますが、実はそれだけではないのです。

自分の国は子どもを生み育てやすい国だと思うか（%）

各国ともに対象は女性のみ		とてもそう思う	どちらかというとそう	計
日本	子どもあり	7.7	39.3	47.0
	子どもなし	6.5	42.6	49.1
フランス	子どもあり	23.7	45.6	69.3
	子どもなし	16.0	43.6	59.6
スウェーデン	子どもあり	74.6	23.9	98.5
	子どもなし	71.6	26.1	97.7

内閣府データより作成

まずは日本・フランス・スウェーデンを比較した厚生労働省の報告書[5]や内閣府社会労働調査室の報告書「スウェーデンの子育て支援策」（二〇一一年二月）などから、家族支援政策について見てみましょう。

フランスにおける二〇歳から六四歳の女性の就業率は、二〇〇八年現在で71％と高い水準にあります。因みに日本は同年で65・9％（「労働統計二〇〇九年年鑑」）です。この数値の基盤となる年齢幅が広いので、子育てと関係する範囲に絞って見てみましょう。独立行政法人「労働政策研究・研修機構」によると、二〇〇七年にＩＮＳＥＥフランス統計経済研究所が実施した調査では、二五歳から四九歳までの女性の85・9％が就労していると報告されています。[6]因みに日本の場合、同年の総務省「就業構造基本調査」データによれば、二五歳から二九歳で73・5％ですが、子育てに関わっている三〇歳から三四歳で63・5％、三五歳から三九歳で64・6％と就労率は格段に落ち込み、四〇歳から四四歳で71・1％となっています。つまり日本の場合、結婚し子どもを産むまでは就労率が上がるものの、子育て期間に入ると落ち込み、子どもの手が離れた頃、パート等で職に就く人が増えるという、いわゆるM字型を描いているのです。

次頁に掲げたグラフは、二〇〇七年四月に開かれた厚生労働省第二回「子どもと家族を応援する日本」重点戦略検討会議で使われた資料の転載です。このグラフに見られるスウェーデンやフランスのような図形を描くための支援策として、フランスでは、一九八五年から三人の子を持つ

女性の労働力率の国際比較

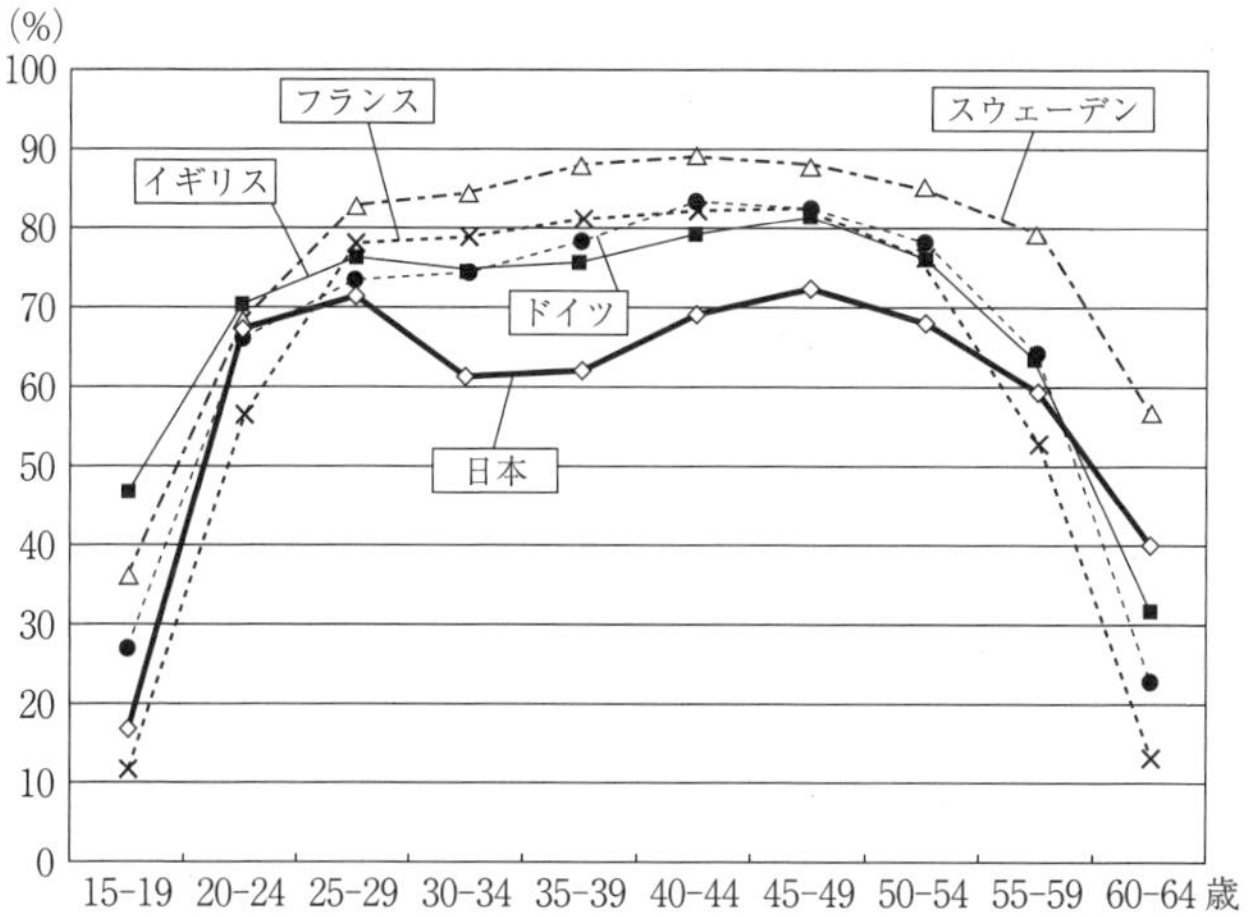

厚生労働省 HP より転載

親に手当が支給され始め、今は第一子が六か月になるまで、休職（退職も含む）を可能にする給付金が支出されています。さらに企業内保育所創設や運営のための支援など、小さな子どもを持つ親たちでもフルタイムで仕事を続けられるように、保育所や幼稚園の受け入れ体制がしっかり整えられています。

スウェーデンで展開されている政策については、二〇一一年二月、社会労働調査室の報告書「スウェーデンの子育て支援策」で詳細に知ることができます。例えば、妊娠により就労が困難になり所得が減少した場合に支給される「妊娠手当」（最長五〇日分）、出産・育児休業の経済的保障としての「両親手当」（子どもが八歳になるまで最大四八〇日分）など手厚く支給されています。これ以外にも一歳以上三歳未満の子どもの育児に従事する親に支払われる「コミューン（基礎的自治体）の子育て手当」や一六歳未満の子どもに支払われる「児童手当」など、充実した経済支援が用意されています。また幼保一元化により三歳から年間五二五時間以上無料でプレスクールに参加できる制度や充分な保育園数の確保など、女性が仕事に戻りやすい体制も準備されているのです。その保育収容人数が一九七〇年から二〇〇〇年の間で、実に一〇倍も増加していることからも、経済活動に携わる母親たちが大幅に増えていることが分かります。安心して複数の子どもを産み、育て、そして自分のライフ・ワーク・バランスも保つことができるスウェーデンは、まさに福祉国家として最先端を歩いているといえるでしょう。

韓国・ドイツの場合

もちろん出生率の低下に悩んでいるのは日本や韓国だけではありません。二〇〇九年現在でイタリア1・4、ドイツも1・3という低い率です。内閣府男女共同参画局「少子化と男女共同参画に関する社会環境の国際比較報告書」（平成十七年九月）によると、OECD加盟国のうちGDPが一万ドル以上の国で、合計特殊出生率と女性の労働力率の関係を調べると、女性の社会進出が進んでいる国ほど、合計特殊出生率は高い傾向が見られるのですが、日本、韓国、イタリア、ドイツ、ギリシア、スペイン、オーストリアは、合計特殊出生率も女性の労働力率も低い水準に位置しています。

フランスと同様に家族手当を手厚く支出しているものの、出生率が1・4と低い国の一つオーストリアの場合は、保育園数が大幅に不足しているため、働く女性たちの足を引っ張っていることが原因と考えられています。この例から、個人に対する経済的支援金の給付だけでは不十分であることが分かります。

ドイツもまた積極的な家族支援策を講じています。二〇〇七年の厚生労働省第二回「子どもと家族を応援する日本」重点戦略検討会議資料によると、例えば家族手当では、フランスの場合第二子から約一万八千円、三人以降約二万三千円で、同年の日本の給付が第二子まで五千円、第三子以降一万円という低金額からすると、非常に手厚い支援策なのですが、なんとドイツでは第一子から約二万三千円を、第四子以降は二万七千円も支給されているのです（換算レートは、二〇〇七年時一ユーロ一四九円で計算）。フランスよりも手厚い給付です。ところが三歳未満の子どもの保育サービス利用率を見ると、フランスでは約半数ぐらいの人が利用しているのに対し、ドイツは13・5％に過ぎません。三歳未満では、フランスの約42％に対し、ドイツではわずか約14％です。（因みに日本は約20％。）

手厚い家族手当が支給され保育サービスも準備されているのに、日本同様に出生率が伸びないのは、また母親の就労率が低いのは、一体なぜなのでしょうか。確かにドイツの場合には、他国に類を見ない歴史的背景が生みだした難題を未だに抱えているという国事情があります。ベルリンの壁が崩壊するまでの四〇年間で広がってしまった、旧西ドイツ地域と旧東ドイツ地域の格差を埋めるという大きな課題です。福祉サービスの充実度という点においても、旧東ドイツ地域は旧西ドイツ地域よりかなり劣っており、そのことが女性の就労に影響していることは否めません。実際に二〇一〇年夏に両地域を歩いてきましたが、都市開発という目に見えるものですら、明らかに差を感じるほどその痕跡は残っています。制度を整え、保育所を造り、その格差是正に向け、また就労と育児の両立を可能とするために家族支援政策の転換が図られていますが、約四〇年の間に刷り込まれた意識や習慣は、そう簡単に書き換えられるものではありません。このドイツの取り組みからも、少子化にストップをかけ、子育てしやすい国にするには、福祉政策の充実だけでは不十分であることを知ることができます。

イタリアでは、先ほどの資料によると、長い間子育て支援策という形では支給されておらず、低所得や大家族の貧困家庭向けに、家族構成や年収によって家族手当が支給されているに過ぎず、また保育所の整備も遅れているのが現状です。

韓国の家族政策の変遷は、スローガンを見ると一目瞭然です。しかも非常にストイックな表現で、ここにも国民性の違いを感じます。子どもたちの栄達によって母親の地位を確立しようとした多産時期は、「むやみに産むならば乞食の姿も免れない」「三年間隔で三人産んで、三五歳で断産しよう」、一九七〇年代には、人口増だけでなく男子選好も抑制する「娘・息子の区別なく二人だけ産み、ちゃんと育てよう」、一九八〇年代に入ると「男女区別なく一人だけ産もう」という文言で盛んに呼びかけます。ところが一九九〇年代後半になると少子化が急激に進み、合計特殊出生率が二〇〇二年は1・17、二〇〇五年には1・08まで落ち込みました。政府は政策の転換を余儀なくされ「一、結婚一年以内に妊娠を　二、二人の子女を　三、三五歳以前に産んで健康に育てましょう」という「一・二・三運動」を展開します。

具体的支援策としては、二〇〇五年の合計特殊出生率が、OECD加盟国中で最低水準だったこともあり、二〇〇六年から二〇一〇年までを「第一次低出産高齢社会基本計画」（セロマジプラン）[7]とし、二〇〇九年以降〇歳から一歳児への養育手当は一〇万ウォン支給する策を打ち出しています（二〇〇九年時のレート一ウオン0・07で換算すると七三〇九円）。保育費、教育費の支援、国公立保育施設の充実はもちろんのこと、低所得層を対象にした不妊治療費用負担や子どもを二人以上出産した妊娠の可能性がある家庭に育児ヘルパーを二週間派遣するなど様々な策を取っています。しかし、多少回復を見せたとはいえ、二〇一〇年ではいまだ1・22の出生率です。「女必従夫」という意識や、三歳くらいまでは母親の手によって家庭で子どもを育てるべきという考えが根強いため、晩婚化や未婚化、少子化傾向が進んでいることは、第二章で述べた通りです。

フランスと日・韓・独・伊の母親観には差異

フランスが出産率の低下から抜け出せたのは、政策面での支援が効を奏したからと捉えるのは一面的だと、ジェンダー社会学に関する研究者として知られるエリザベート・バダンテールは、著書『母性のゆくえ』（春秋社、二〇一一年）で説いています。フランス社会には「新米の母親が、ライフスタイルを自分の利益と子どもの利益の双方に合致した一番よい形で選ぶのは当然」という認識があり、「フルタイム（専業主婦）の母親になれ」というプレッシャーは道徳的にも社会的にもまったく存在しないというのです。しかし今、一九九〇年代初めの「経済危機」によって、経済的に不安定な多くの女性たちが家庭に戻っていくことになり、母性という概念が退化し、女性のアイデンティティは脅威にさらされていると懸念し、バダンテールは次のように述べています。

女性には母性本能があってしかるべきであり、それに基づいて行動すべきだという議論が絶えず蒸し返されることが、かえって母親になることを妨げる最大の元凶ではないかと、私は疑っているのである。

この視点に立ち、日本の子育て環境は「女性＝母親」であり、しかも子どもにとって母親は誰にも代えがたいというモデルによって正当化されていると、バダンテールは指摘しています。そしてこの環境は、政権交代の公約に掲げた「子ども手当」をもってしても変えることはできないと明言します。つまり根底にある意識を変えない限り、出生率は伸びないと言い切っているのです。

政策としての手厚い支援ということだけではなく、精神面で「母親ならば、自己犠牲も厭わないもの」という追い込みが、日本と大きく異なり、フランス社会にはないという指摘に刮目すべきです。たとえ離婚しても共同親権に基づき、父母等分に子どもの養育に関わるよう、相談窓口の開設や親へのガイダンスも積極的に行われるなど、親としての教育がなされているそうです。子育てにおいても男女平等理念が定着し、実践されているのです。

バダンテールは、政策以前の問題として、ドイツ、日本、イタリアに通底しているものは、母親にかかる責任が増え、夫婦・カップル間での家事の分担が不平等という現実、すなわちこの三国に共通する出生率が上がらない要因は、家父長的伝統の強さ、母親としての役割の過大評価だと断じているのです。

横山安由美氏は、共著『フランス文化55のキーワード』（ミネルヴァ書房、二〇一一年）で、ボーヴォワールの「人は女に生まれるのではない、女になるのだ」（『第二の性』）の句を挙げ、フランス女性たちのジェンダー観を次のように説明しています。

「女らしさ」は「生まれつき」（本質主義）ではなくて、「環境が作り上げるもの」（構造主義）である。「ジェンダー」（社会・文化的に形成される性別）という概念は、人をさまざまな抑圧から解放してくれる。（中略）「女らしさ」が後天的な構造物なら「母性」もまた社会が作り出した神話にすぎず（バタンテール）、女性は性的な自己決定権を持つ必要がある。

十八世紀末まで、フランスやイギリスの貴族やブルジョア家庭では、子どもが生まれるとすぐに里子に出したり、家に置いても乳母に育てさせたりしていました。そして学齢期になると、男の子は学校の寄宿舎へ、女の子は修道院へ入れ、父親はもちろんのこと母親も子育てにかかわることはなかったといいます。バダンテールの『母性という神話』（ちくま学芸文庫、一九九八年）によると、貴族やブルジョア家庭だけでなく、下層階級の母親たちも労働のために我が子を里子に出し、また中・上流階級の子に乳を含ませるために家を出て都会に向かった時代が長く続いたというのです。つまり数世紀にわたり、フランスでは母乳を与えることも子どもの養育も、実母の役割とは認識されていなかったのです。革命により修道院が閉鎖され、家庭教育の重要性や母親の子育て責任が説かれるようになり、実母が我が子に母乳を飲ませ、教育するようになったものの、長い歴史が培った、「母性」を実母に求めないという社会的子育て観は、今も根底に流れているのでしょう。よって、今のフランスでも「フルタイム（専業主婦）の母親になれ」というプレッシャーが社会的にも道徳的にも存在せず、女性は自分の人生を彩る自己決定権を持っているのだといわれているのかもしれません。

変化した日本の母親役割観

しかし歴史を振り返ってみると、かつての日本もまた然りだったはずです。江戸期に、実母の手によって育てられてきた上流階級の乳幼児たちが、果たしてどのくらいいるでしょうか。裕福な武家や商家では乳母や子守の手によって、逆に貧しく多産で何世代もが一つ屋根の下で生活している家では、若い両親が生業にいそしむ間、もらい乳をしながら年上のきょうだいや祖父母が子育てを担っていました。そういった社会状況下では、「母親＝専業主婦」の図式も、母乳は子どもが求めるならいつでも、いつまでも与えよという母乳指導も、そして実母の責務も強く求められませんでした。それでも多くの人の手と声かけと眼差しを受けながら、子供たちは心身ともに健やかに育っていた社会が日本にもあったのです。

その流れや母親役割観が大きく変化したのは、女性を「良妻賢母」にと教育しはじめた明治以降です。その目的は、絶対的な愛国心を子どもに植え付ける教育者としての母、そのように教育した子どもを国家に捧げる母として教育するためだったと、著書『母という暴力』（春秋社、二〇〇五年）で芹沢俊介氏は説いています。家父長制や祖先崇拝を核とし、親への絶対服従、女性蔑視また忠君愛国の思想である儒教文化を利用し、天皇を家長とする社会を国家戦略として形成していったのは、他国からの脅威にさらされ富国強兵する必要があったからでした。しかしそのことによって、女性は、夫に仕え家を守り、子の教育に邁進する「良妻賢母」志向に、そして自己犠牲礼賛思考に洗脳されていったのです。その図式は、戦前から戦中にかけてより確固たるものになっていきました。そして、それは戦後になっても続きました。なぜなら経済成長を通し、企業戦士を支える「良妻賢母」が求められたからです。

もちろん、フランスの女性たちが一九六〇年から七〇年代末にかけて、避妊ピルの解禁や人工妊娠中絶の合法化を勝ち取り、本来の男女平等社会へと踏み出したように、日本の女性たちも選挙権や被選挙権を得て社会に進出し始めました。しかし高度経済成長を遂げていく中で、女性に求められていたのは、「男性なみに社会に進出するたくましい母や新しい時代の新しい自我の確立をめざす力強い母ではなく、なによりも子どものために耐えしのぶ母親の現像だった」[8]と、ジェンダー社会学者である天野正子氏は述べています。母子密着問題に詳しい田中喜美子氏も、戦後の貧しさから脱し経済成長へと傾き始めたころ、働く母親の多くが専業主婦になっていく流れが一九七五年まで続いたにもかかわらず、校内暴力や暴走族、いじめ問題を懸念し「三歳児までは母の手で」「母親は家に帰れ」という社会的風潮や論評があったと指摘しています(『いじめられっ子も親のせい?!』主婦の友社、一九九三年)。その風潮は、核家族化が進み、当時は近代的住居と称賛された2DKのアパートで、子どもにだけ向き合い社会から孤立した母親を多く生み出しました。そして一九八〇年以降の家電製品や育児グッズの充実とともに、時間的ゆとりを持った母親たちに、母乳育児をできるだけ長く、二歳でも三歳でも子どもから離れるまで続ける方が子どもの心の安定には良いという刷り込みを展開していったのです。

少子化を助長させる風潮

二〇一〇年六月二十九日、内閣府少子化社会対策会議で「子ども・子育て新システムの基本制度案要綱」が決定されました。目的は「出産・子育て・就労の希望がかなう社会」「仕事と家庭の両立支援で、充実した生活ができる社会」等の実現だとあります。少子化に歯止めを掛けるためには、女性が子どもを産もうと思える環境づくりが必要です。既述したように出生率の高い国々を調査比較検討し、子育てと両立できる就労支援制度の確立を、国家政策として企業に協力要請するなど動きは出ています。とはいっても、少子化を阻止する動きは今に始まったことではありません。「エンゼルプラン」と称した政策が新聞紙上やニュースで取り上げられたのは、実に今から一七年前の一九九四年です。それ以降も合計特殊出生率は下降線を描き続け、他国と比較すると、給付金も保育所の整備も企業のバックアップシステムも、すべてにおいていまだ不十分極まりないということは明白です。

花火を打ち上げても具体的な動きにつながっていないのは、「母親＝専業主婦が子どもの成長のためには良い」という考えが、施策する側に厳然としてあるからです。バタンテールが指摘するように、出生率をアップさせるにはまずその意識変革が重要であり、それを断行しないことには、有意義な支援策を引き出すことはできません。

今の日本に漂う風潮は、「子どもから離れるまで母乳を与える人が、良い母親」です。その風潮が、母親や女性たちを追い込んでいることは記述した通りです。「卒乳」を目指し、夜中の授乳も睡眠不足を抱えつつ、母親たちは頑張っています。片や断乳した母親たちも、挫折してしまった自分を責め、泣かせて断乳してしまったつけが子どもの育ちに悪影響を及ぼすのではないかと怯えているのです。

そしてこの風潮は、未婚の女性たちの思考にもマイナスに作用しています。つまり母になる代償として、自己犠牲と不自由さを覚悟しなければならないのであれば、ある程度自己満足するまで仕事に携わってから結婚や出産を考えようとなるのは、至極当然な流れです。母性教育による風潮と晩婚化、非婚化、出生率低下への関連性に注視する必要があります。

既に他章で述べてきたように、育児負担を抱えているのは、過保護、過干渉傾向が強い韓国のオモニではなく日本の母親でした。それでも自分を犠牲にしても子のために頑張ろうとしているのも、日本の母親です。明治以降、女性を母性に縛り付けてきたこの流れを断ち切らない限り、日本の出生率は上がらないでしょうし、日本の母親たちの育児負担感も軽減しません。そして母親たちが、母親であると同時に「女性」として人生設計ができる社会、また家族との関わりを大事にしていけるサポートシステムを構築しなければなりません。

出産という行為は女性にしかできない役割ですが、少なくとも育児という役割は、実母でなくとも、また女性でなくとも可能です。健やかな子の育ちや母性の育みは、実母による母乳の授与でなければならない、実母が幼子の求めに応じ母乳を常にいつでも、子どもから離れるときまでずっと与えるのがよいという立ち位置にある限り、女性の人生や活動、ひいては国や世界の経済発展をも制限することになります。

とはいっても、母乳の効用は絶大です。「赤ちゃん」「乳児」と呼ばれる間は、できるだけ母乳で育てる方が良いという意見に全く異論はありません。しかし離乳食が完了する一歳～一歳半頃の離乳のタイミング、子どもからのサインをキャッチし、親主導のもとで心を鬼にして断乳し、出産前に築いていた自分の人生サイクルに軸足を戻してもよいと、母親の背中を押す育児指導がほしいところです。親と子どもとの関係性は、毎日の小さな関わりを積み重ねて深まっていきます。抱きしめたり、しっかり目を合わせ心を通わすことで、授乳を介さずとも愛情は伝わるはずです。

母性や父性は、敢えていうまでもなく実子とは限らず子を持つことによって育まれるものです。今や、卵子や精子提供など、「親子関係」は様々な選択を経て結ばれる時代になろうとしています。どのような場合でも、子を慈しむ心が母性や父性を豊かなものにします。そしてその思いは必ず子に届きます。子を含めた家族を大事にしながら、親が生き生きと自分の人生を歩む姿は、子どもの心にプラスに作用することでしょう。それが可能な就労支援システムを確立するべきです。本来の「ワーク・ライフ・バランス」とは「育児や介護のため」だけではないはずです。趣味やボランティア活動、教養やスキルアップなど、働きながらも、自分の人生を豊かに色づけしていける、また職場以外に社会的つながりを広げていける、そうした生活のバランスを図れるシステムや制度を企業に求めていくべきではないでしょうか。

「子どもから離れるまで授乳する方が良い」という長期母乳育児指導は、衛生的な日本社会では不要であり、むしろ女性の社会進出を阻み、母親の育児負担や育児不安を助長させる原因になっているということを、関係者はしっかりと理解し認識すべきです。出産率の低下を防ぐには、意識改革を抜きには不可能であることを、諸外国の例が既に実証済みなのですから。

1. 東浩紀・宮台真司『父として考える』NHK出版生活人新書、二〇一〇年。
2. 厚生労働省　雇用均等・児童家庭局職業家庭両立課「男性が育児参加できるワーク・ライフ・バラン

ス推進協議会提言について」平成十八年十月十三日。
3. 総務局・政策統括官・統計研修所ホームページより転載。
4. 厚生労働省「人口動態調査」『出生順位別にみた母の平均年齢の年次推移』平成二十三年六月一日。
5. 平成十七年度「少子化社会に関する国際意識調査」報告書、第六章「日本と各国の比較」高橋美恵子、平成十八年三月。
6. 「ワーク・ライフ・バランスに関する企業の自主的な取り組みを促すための支援策―フランス・ドイツ・スウェーデン・イギリス・アメリカ比較―」二〇一一年三月二五日。
7. 松江暁子「韓国における少子化対策」『海外社会保障研究』No. 167、二〇〇九年、夏。
8. 天野正子「現代日本の母親観」『フェミニズム・コレクションⅡ』勁草書房、一九八四年。

資料　日韓比較アンケート結果

第一章で、一歳半～約二歳までの乳幼児の母親に実施したアンケート結果をもとに、夜中の授乳、抱き寝かせ、抱き癖、親の育児負担について、幼稚園年長児・小学生高学年の子どもを持つ母親を対象とした調査結果からは、抱き寝かせ、過保護・過干渉傾向、躾け意識などについて、大まかに紹介しました。ここでは、アンケートの実施方法や対象者の概要、一歳半～約二歳までの乳幼児の母親に実施したアンケート結果の詳細、また幼稚園年長児・小学生高学年の子どもを持つ母親を対象にした調査結果からは、第一章で紹介できなかった項目のうち、いくつか特徴的なデータを抜き出し掲載しました。アンケート内容、及び結果全容については、拙書『母性教育の歪み』（二〇一〇年、青簡舎）をご覧下さい。

なお、この調査結果のデータ処理は、分析ソフトSPSSを使い行っています。

一歳半前後の子を持つ母親たち対象調査結果

調査方法・調査対象者

乳幼児の母親への調査は、東京都内一市及び埼玉県二市の保健所等が主催している一歳半健診を利用し実施しました。ほとんどは事前に郵送し健診時に回収しましたが、その場で記入してもらったものやニュー・マザリングシステム研究会[1]の協力で、通信教育の会員に郵送で配布回収された回答も一部含まれています。回収数は二一一（回収率85％）、そのうち有効数は二〇九です。

母親の年齢

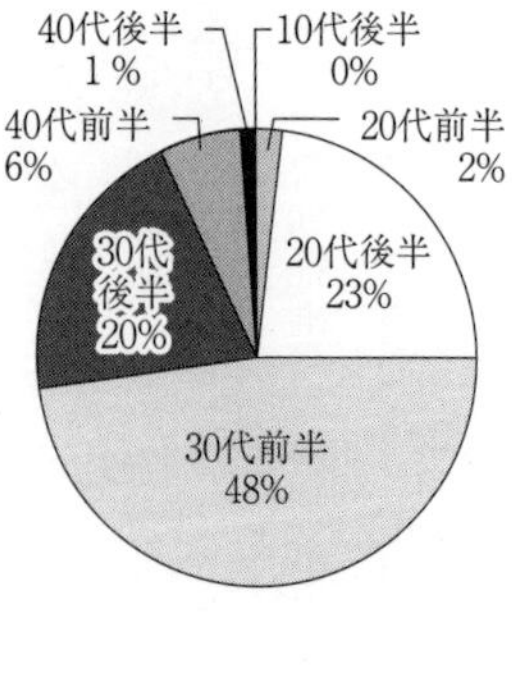

円グラフは、母親の年齢を表したものです。ご覧のように三〇歳以上の母親が75％を占めています。昨今の晩婚化や少子化の影響と思われる出産年齢の高さは、本調査でも認められます。

二〇一一年六月に厚生労働省が発表した「平成二十二年人口動態統計」によると、第一子出産平均年齢が前年度より0・2歳上がり29・9歳になったそうです。約三〇年前の一九八〇年の第一子出産平均年齢は26・4歳ということですから、いかに高齢出産になっているかが分かります。

母親の就労状況や子どもの数は、円グラフに表した通りです。厚生労働省は二〇〇一年に生まれた子どもを対象に経年で追う「二十一世紀出生児縦断調査」を行っており、その報告書（二〇一〇年七月）を見ると、出産前に54・4%であった「母」の有職率は、出産半年で25・1%、一年半後には30・2%とありますので、本アンケートの有職率33%という数値は、ほぼ重なるものと考えてよいでしょう。

母親の仕事

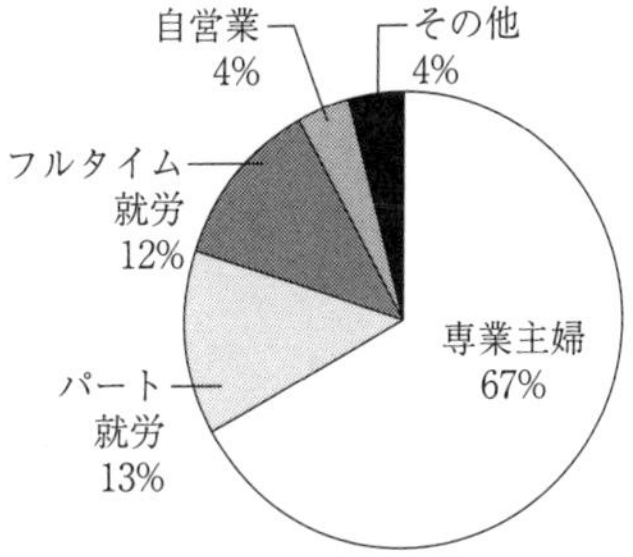

子どもの数

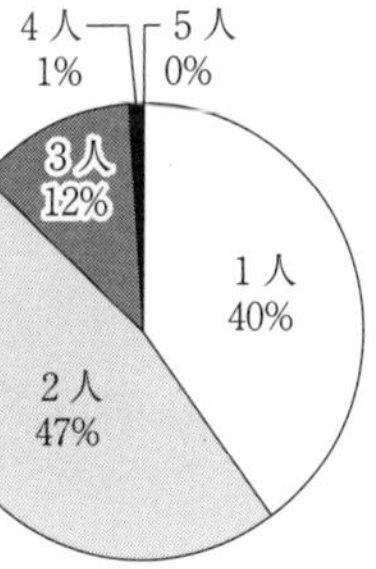

離乳食を始めた頃の乳

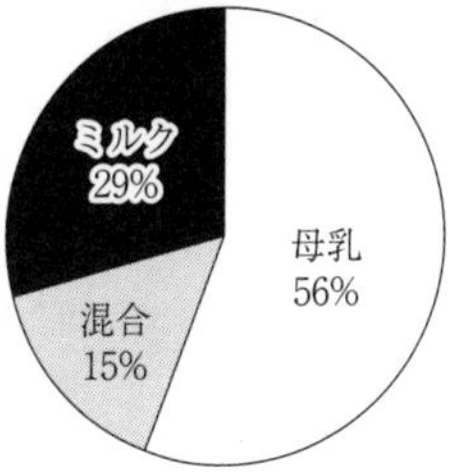

本調査と同じ二〇〇九年の合計特殊出生率は1・37でした。しかしアンケートでの、きょうだい数の平均は1・75ですので、日本全体の平均よりは、少し高い実態の中での子育て状況を見るということになります。

母乳率については、厚生労働省が一〇年毎に行っている乳幼児の栄養調査報告書（二〇〇六年六月発表）を見ても、生後一か月と、三か月でのデータしかなく、離乳食開始時の率は分かりませんが、生後三か月段階では混合も含めて母乳を与えている人は約80％と報告されています。

なお育児協力者がいると回答を寄せた人は73％でした。そのうち69％の人が夫の協力を得ていました。実親に協力してもらっている人は18％、義理親は10％です（但し複数回答を含む）。

夜中の授乳率

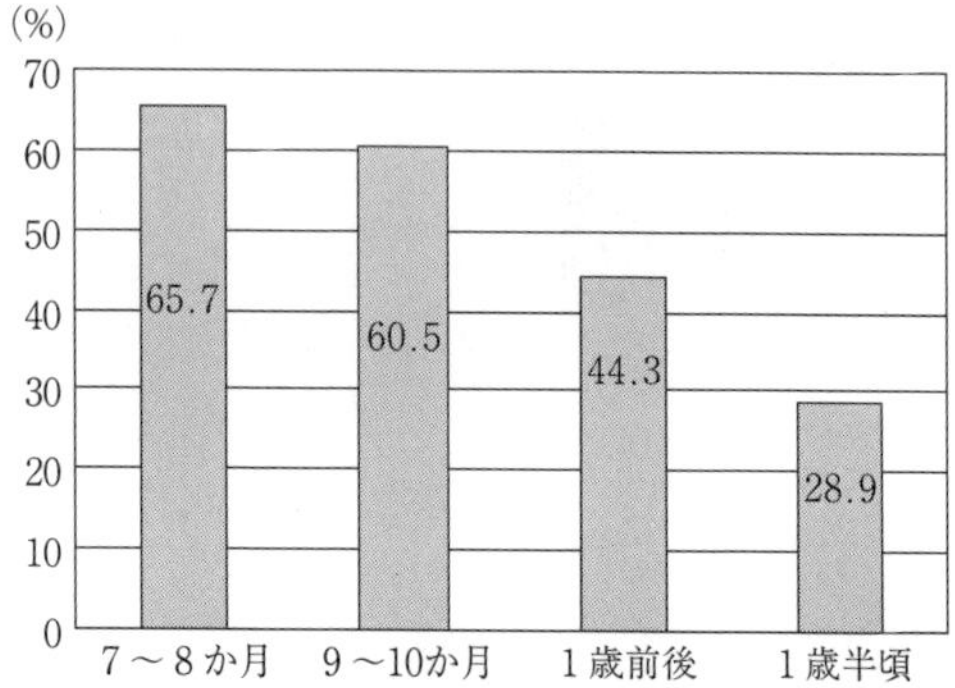

夜中の授乳率

二〇〇九年現在で、29・2％の母親が母乳を継続していました。残り70・8％の母親たちが母乳授乳を終えた月齢の平均は、10・9か月でした。

昼間の授乳は終わったが、夜中の授乳をまだ続けているという声をよく耳にします。そこで母親自身が床に就いた後で、乳首を含ませたり、ほ乳瓶でミルクを授乳することがありますか、という質問をしてみました。棒グラフはその結果です。一歳前後で44・3％、一歳半頃でもまだ28・9％の母親は夜中の授乳を続けています。

一歳を過ぎても夜中の授乳を続けてきた人に、負担感はないのかと聞いてみたところ、64・8％の人が慢性的寝不足を訴えました。また子どもが求めなくなるまで続けようと思っていますか、という質問には71・3％もの人が、「そう」「どちらかというとそう」と答えています。親子のふれあいが大事だと思ってという人も64・8％いました。逆にいつまでこの状態が続くのか不安だという人は、37・5％しかいませんでした。また断乳を試みた人は16・9％に過ぎません。

こうした数値から、六割以上の人が、離乳食が始まった以降も夜中に起き、慢性的寝不足を抱えながらも「子どもが求めなくなるまで」「親子の触れ合いが大事」と授乳に頑張っている姿が浮き彫りになりました。

抱き寝かせ傾向

子どもを寝かしつけるときに、抱き上げたり負ぶったりしていますか、という質問に、生後か

月齢別抱き寝かせ頻度

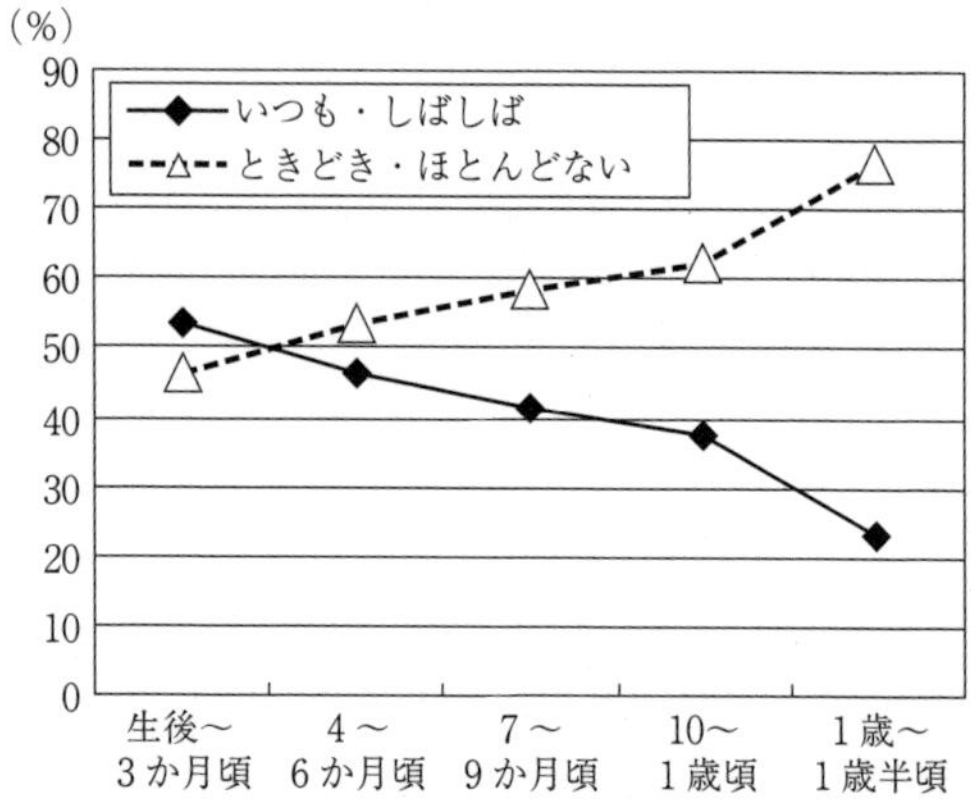

ら三か月毎に「昼夜いつも」「昼だけしばしば」「夜だけしばしば」「昼夜関係なく時々」「ほとんどない」の中から選択し回答してもらいました。折れ線グラフは、「昼夜いつも」「昼だけしばしば」「夜だけしばしば」のどれかに○をつけたグループと、残りの「昼夜関係なく時々」「ほとんどない」に印をつけたグループを分けて表したものです。

生後四か月前に逆転現象が起きているものの、その後も一歳頃まで四割前後の人が抱き寝かせていることが分かります。七か月を過ぎると、離乳食が始まり体重も増えるので、結構な重労働です。そこで先ほどの回答で七か月以降「昼夜いつも」「昼だけしばしば」「夜だけしばしば」と回答した人を対象に、どんな思いで抱き寝かせているのか聞いてみました。負担を感じていますか、という質問に、「そう」「どちらかというとそう」と答えた人が32％います。しかしそれを上回る38％の人が負担を感じていないと答えています。抱かないと寝ないのか、という質問には、「どちらかというとそう」まで含めて三割弱いますが、46％もの人が「そうではない」と言い切っています。
「できるだけ抱き寝かせよう」と思っている人が57％もいることは、積極的抱き寝かせ傾向があることを裏付けています。

負担を感じていた

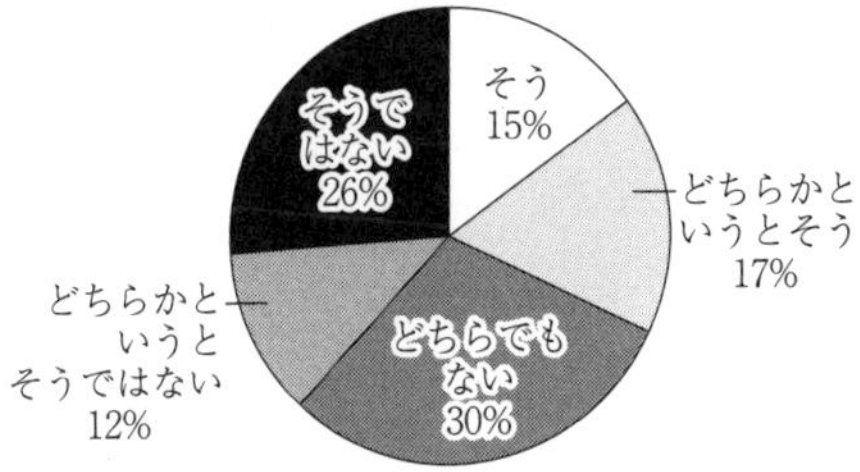

抱かないと寝ないから

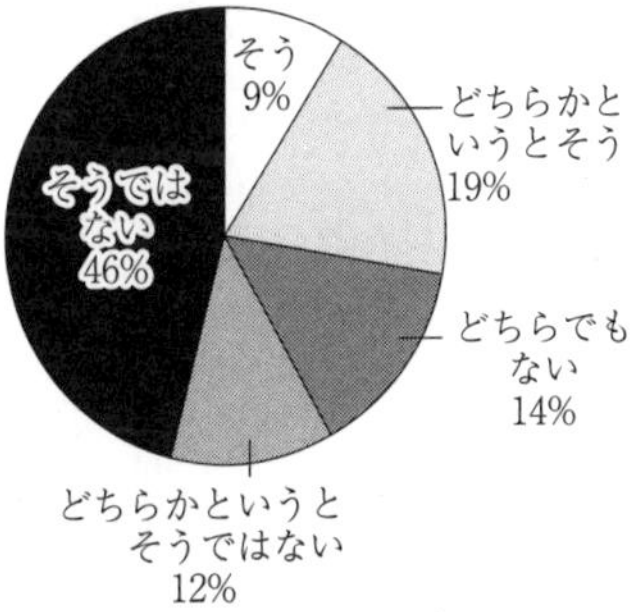

できるだけ抱き寝かせよう

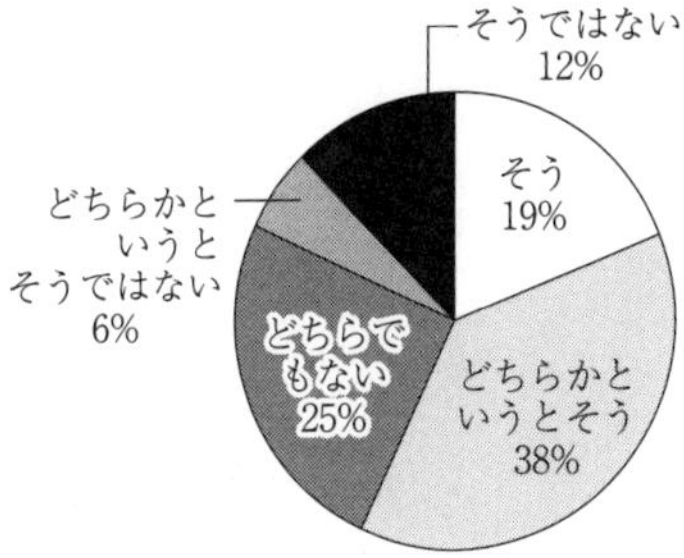

甘え泣きでも泣けばすぐ抱く

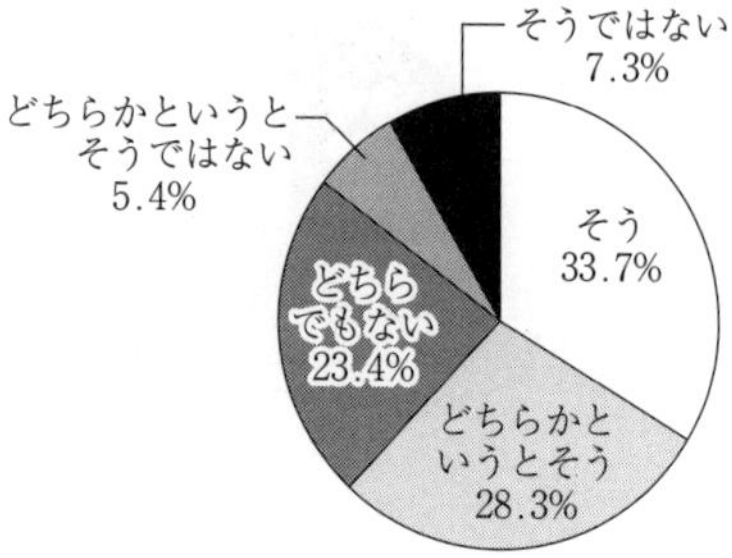

「泣けば抱く」傾向

では、泣いているときの対応はどうなのかを見てみましょう。「甘え泣き」と分かっていても、泣けばすぐ抱きますかという質問に、「そう」と答えた人が33・7％いました。「どちらかというとそう」まで含めると62％に上ります。逆に否定的に答えている人は12・7％に過ぎません。生理的必要があって泣こうが、甘え泣きであろうが、ともかく子どもを泣かしたくないという母親の思いを強く感じる数値です。甘え泣きか否かの区別がつきますか、という質問には、「そう」「どちらかというとそう」をあわせて51・2％の人が、肯定の回答を寄せています。区別がつかないと答えた人は13・9％、「どちらでもない」の回答は34・1％です。因みに、我が子に抱き癖がついていたと回答した親は、28・3％に過ぎませんでした。

泣けばすぐ抱き上げる理由について、周囲の目が気になりますか、という質問をしてみました。すると、「そう」と答えた人は18・5％、「どちらかというとそう」まで含めると43・4％でした。否定的な答えは34・2％です。つまりこの「そうではない」「どちらかというとそうではない」と答えた三割強の人たちは、周囲に気兼ねして抱くわけではなく、まさに「泣くので、抱く」意識で動いているようです。なお抱き癖を気にせず抱くようにと言われている割合は、56・1%でした。

幼稚園児・小学生の子を持つ母親たち対象調査結果

調査方法・調査対象者

アンケート結果について述べる前に、調査方法や実施時期について記しておきましょう。

この調査は、幼稚園年長組に子どもを通わせている母親、小学校高学年（概ね六年生）の子どもを持つ日韓の母親を対象としました。日本の幼稚園は一部公立を含みますが、八割は私立幼稚園です。韓国のソウルでは私立幼稚園、釜山ではオリニジップ[5]及び私立幼稚園で調査しました。日本の小学校は東京都内四校、地方標本

性差統計数

総標本	国			
	日本		韓国	
	男子	女子	男子	女子
1歳半～	103	97		
	51%	48%		
合　計	200（欠損11）			
幼稚園年長	117	116	93	97
	50.2%	49.8%	48.9%	51.1%
合　計	234（欠損1）		190	
小学校高学年	190	210	113	133
	47.5%	52.5%	45.9%	54.1%
合　計	402（欠損2）		249（欠損14）	

として香川県・鳥取県・埼玉県のいずれも農村部の学校で協力を得ることができました。韓国ではソウル市内と水原・釜山の小学校で実施し、公立私立の別は、日本ではすべて公立、韓国の公立割合は73％です。

日韓ともに基本的には、幼稚園年長・小学校高学年生（一部五年生を含む）の担任の先生を通し生徒に調査票を配布してもらい、自宅で親が記入後、生徒を介し担任へ提出する手順で行いました。しかし韓国の水原地区のみ幼稚園年長や小学校高学年の子を持つ教師たちの協力による調査となっています。

なお、子どもの手を介し配布するため、調査対象を母親と限定しない内容とし、分析の際に有効回答を母親に絞るよう配慮しています。回収数は次の通りです。なお（　）の中は回収率です。日本幼稚園二三五（66・4％）、韓国幼稚園一九〇（94・5％）、日本小学校四〇四（69・2％）、韓国小学校二六三（84・2％）。日本の調査は七月〜九月、韓国は九月〜十月にかけて実施しました。韓国の調査票は、日本語版を筆者が韓国版に翻訳した後、日本語が達者な韓国人による添削、さらに別のバイリンガルな韓国人と日本人による確認を得て、完成させています。

前頁の表にもあるように、調査対象の子どもの性差率は、乳幼児も幼稚園および小学生も、幸いなことにほぼ同じでした。

幼稚園児を持つ母親の場合、子どもの数の平均値は、日本2・04、韓国1・93、小学生の母親の場合、日本2・14、韓国2・04でした。日本以上に少子化が進む韓国の現状が、この調査でも明らかだといえるでしょう。

専業主婦の割合は、幼稚園児の母親の率が、日本72・5%、韓国65・6%と高い数値です。次頁に示した二〇〇五年の国際比較調査結果[6]を見ると、四~六歳の幼稚園時期でも、他国を大幅に引き離す数値が出ていますが、特に三歳までは、両国とも飛び抜けて高い率となっています。三歳までは母親が育てる方がよいという、三歳児神話の影響や本書の第三章でも触れているように、母親が子育ての役割を担うべきという見方が、日本と韓国には色濃く存在している現れと考えられます。

なお、韓国の小学生の母親で自営業従事者が14・6%という数値が出ているのは、調査した小学校区域に、商店街や漁村が含まれていたためと思われます。

ここでは、日本と韓国を比較し分析

母親の仕事

	幼稚園児の母親		小学生の母親	
	日本	韓国	日本	韓国
専業主婦	72.5%	65.6%	39.6%	47.4%
パート就労	20.6%	2.2%	30.7%	5.6%
フルタイム就労	4.3%	9.8%	20.5%	11.3%
自営業	1.3%	8.7%	5.2%	14.6%
その他	1.3%	13.7%	3.9%	21.1%

離乳食を始めた頃の乳

	幼稚園児の母親		小学生の母親	
	日本	韓国	日本	韓国
母乳	39.9%	30.8%	39.4%	22.4%
混合	30.7%	24.2%	28.4%	29.3%
ミルク	29.4%	45.1%	32.2%	48.4%

専業主婦率（2005年）

国	子の年齢	%
日本	0～3歳	79.9
	4～6歳	50.0
	7～9歳	38.8
	10～12歳	32.4
韓国	0～3歳	75.8
	4～6歳	68.1
	7～9歳	57.4
	10～12歳	48.6
アメリカ	0～3歳	27.2
	4～6歳	30.6
	7～9歳	22.8
	10～12歳	16.7
フランス	0～3歳	29.9
	4～6歳	36.0
	7～9歳	18.6
	10～12歳	21.0
スウェーデン	0～3歳	14.6
	4～6歳	6.5
	7～9歳	3.3
	10～12歳	1.9

「家庭教育に関する国際比較調査報告書」より作成

し、その分析数値をわかりやすく円グラフや棒グラフで表しました。もちろん分析ソフトを使い、比較しても確率的に問題がないと判断された数値のみをグラフにしてあります。また棒グラフは、理解しやすいように、数値が大きいほど程度や頻度が強くなるようにしました。アンケート回答は頻度を問う場合も、意識の程度を問うにも、原則として五選択方式とし、その平均値を棒グラフで表しました。なお『母性教育の歪み』では幼稚園と小学校での調査結果を別々に詳しく解説しています。

「子育て不安による過干渉」「過保護」「親の苛立ち」の関係

第一章で、子育て負担感・過保護、過干渉傾向、躾の厳しさについて日韓比較しつつ説明しました。ここでは、第一章で紹介できなかった質問の結果も含め、擬似傾向がある質問をグループ化し、その回答平均の結果を日韓で比較します。なおグループ分けには、ＳＰＳＳという分析ソフトを使っています。

分かりやすいように各々のグループに名前を付けました。例えば思い描いていたようには子育てができていない状況が推測できる「親への口答え」、「朝起こす苦労」「幼児期に感じたイライラ」「学童期の子育てで感じるイライラ」の四項目を含むグループには、『子の反抗・親の苛立ち傾向』という名称をつけました。

抱き癖に関わる意識を探る三項目「甘え泣きでも抱く方が良い」「抱き癖は我が子にもついていた」「抱き癖を気にせず抱くようにいわれた」からなるグループは、『積極的に抱く育児傾向』、また「だだをこねられると買い与えた」「幼児期、スーパーなどでだだをこねることがあった」「(小学生高学年の）子どもは買ってくれるまで要求し続けることがある」の三つは、『わがまま難儀傾向』、「何回も子どもに指示を出す」「子どもが気づく前に教えてしまう」「子育てに不安」には、『子育て不安を背景とする過干渉傾向』と名付けました。また夜中の授乳に関する二項目「夜中の授乳で慢性的な寝不足感があった」「夜中の授乳がいつまで続くか不安だった」は『夜

小学生高学年児母親対象

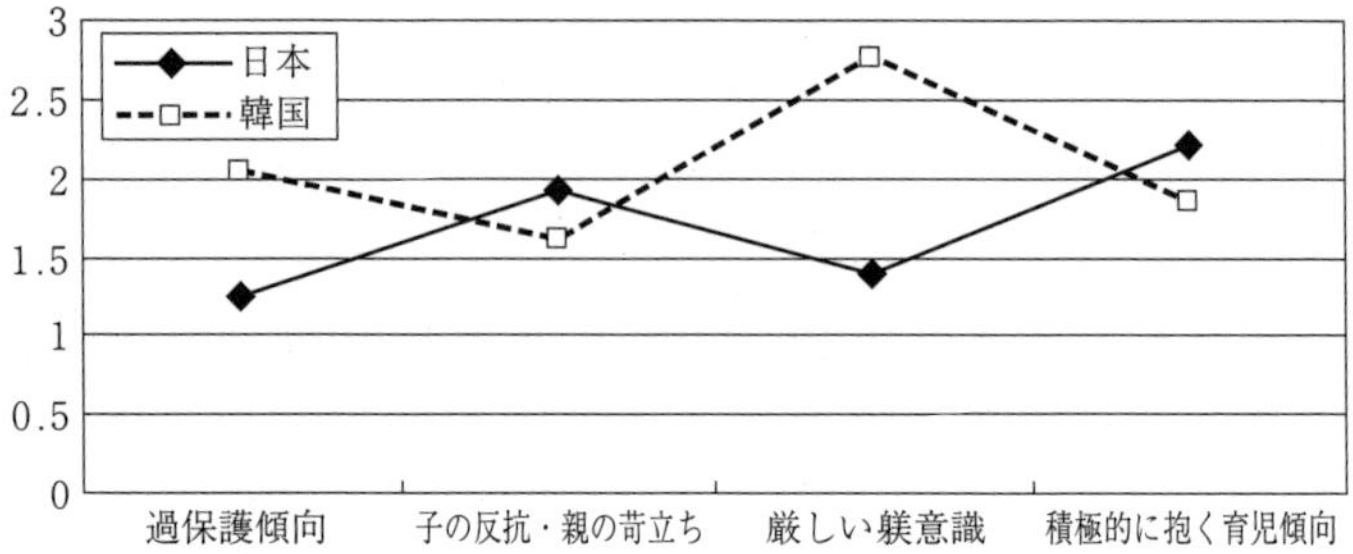

中の授乳負担度』としました。

これらの中から、日韓差が顕著な四つのグループを折れ線グラフで表してみました。『過保護傾向』『厳しい躾意識』では、韓国の方が強いことは既に述べた通りです。この二つの傾向ほどの開きはありませんが、『子の反抗・親の苛立ち傾向』『積極的に抱く育児傾向』では、日本の方が強いことが、グラフから分かります。

ところで、このアンケートでは小学生の母親に、お子さんが小学校入学から今までの間に心理的な理由で学校を休んだことがありますか、という質問をしています。「ある」と答えた人は、全標本数の10％四一人ですが、回答者を母親だけに絞ると四〇人でした。ところが韓国では、総標本数二六三のうちたった二人だけでした。しかしながら、幼稚園児と小学生の両方の母親に、幼稚園や学校へ行きたがらない日がありますか、と聞いた質問に、「5いつも」「4しばしば」「3ときどき」「2ほとんどない」「1全くない」の中からの選択で回答してもらったところ、思わぬ結果が出ました。それがこのグラフ（回答の平均値で比較）です。日本に比べ、韓国の方が幼稚園児では二倍、小学生ではそれ以上の差が出ています。

幼稚園や学校へ行きたがらない日がある

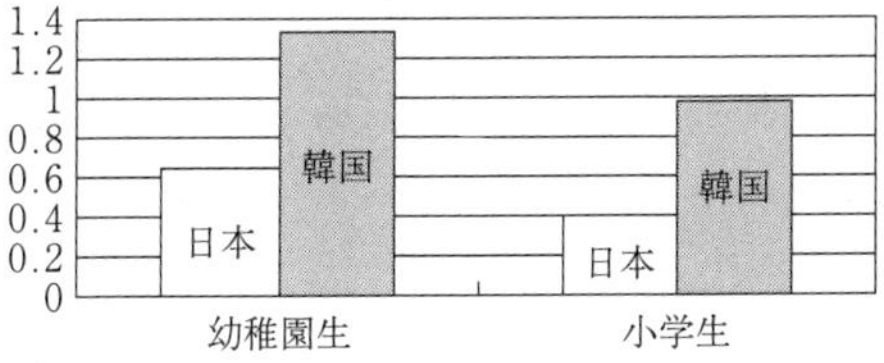

　次頁に示したパス図は、『過保護傾向』『厳しい躾意識』『子の反抗・親の苛立ち傾向』『わがまま難儀傾向』『子育て不安を背景とする過干渉傾向』『夜中の授乳負担度』、および「心理的理由による学校欠席有無」「学校へ行きたがらない傾向」「八か月頃、よく抱き寝かせていた傾向」の各関係がどの程度影響しあっているかを表したものです。これは日本の小学生の母親だけの回答結果から導き出した関係図です。

　関係図にある数値は、「ピアソンの積率相関係数」といい、お互いの関係の強弱を表すものです。ここにあがっている数値の中で一番強い数値は０・484ですが、この数値で「中程度の相関」と考えますので、それ以下は「弱い相関」と見てください。なお関係パス図は、相関係数がプラスマイナス０・２以上の値を示したグループだけで作成してあります。

　今述べたように相関係数としては、弱から中程度に過ぎません。よって子どものわがままや母親の育児負担感などの問題を引き起こしている原因を、母親の子育てだけにあると考えるべきではなく、家族環境・住環境・学校や習い事、そして友人関係等様々な要因が絡み合った結果に

日本（小）因子関係図（数値はピアソンの積率相関係数）

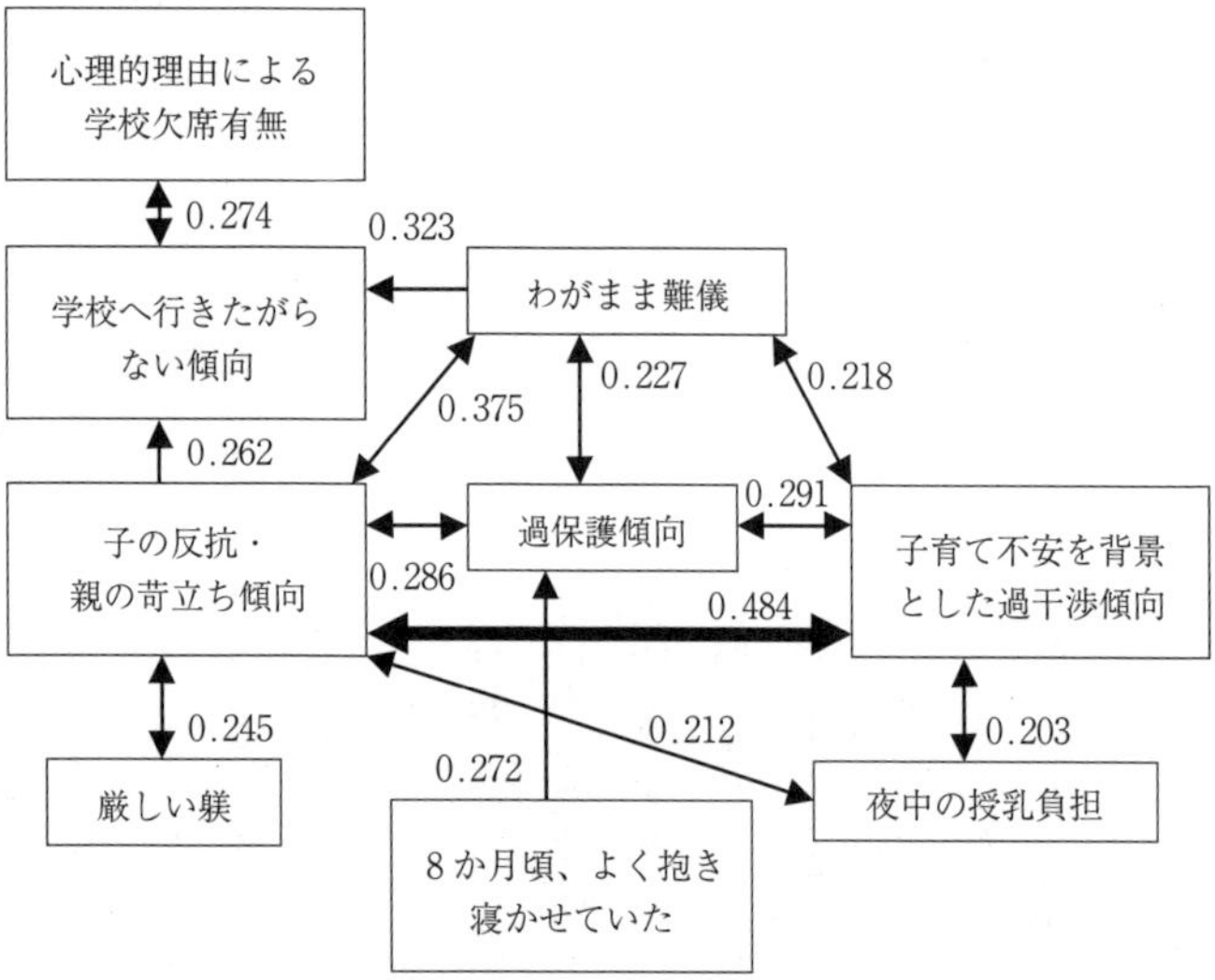

よるものと捉えるべきであることはいうまでもありません。その一例として、本書では取り上げませんが、地域比較によって、また子どもの数や育児援助の有無によっても、母親の育児姿勢や負担感が異なることも明らかになっています。

このパス図で、まず目に付くのは『子の反抗・親の苛立ち傾向』と『子育て不安を背景とする過干渉傾向』に中程度の相関が見られるということです。親が自分の子育てに不安を覚えるのはどんなときでしょうか。子どもが親に対し口答えをしたり、生意気な態度をとったり、またなかなか親のいうことをきかないなど、思い描いていたように子どもが育っていない事実と向き合ったときではないでしょうか。そこでつい小言が多くなったり、感情的に叱ってしまったり、また言いつけ通りに子どもがするまで過剰に何度も指示したり、子どもが気づく前に教えてしまったり……。そういった傾向が強まると、それを疎ましく思う子はますます親に反抗的態度を取るようになり、負のスパイラルに陥っていきます。また子育て不安や子どもの反抗から、過干渉でありながらも子どもの顔色を見、子ども主体に母親が関わるようになると、子どものわがままを助長させ、親を親とも思わぬ態度をとるなど悪循環にはまります。よって、わがままになるのは親の過保護が原因とよくいわれますが、過干渉対応も影響していることはいうまでもありません。

またパス図では、『夜中の授乳負担』が『子の反抗・親の苛立ち傾向』と『子育て不安を背景とする過干渉傾向』に関連が見られます。しかし『夜中の授乳負担』と『過保護傾向』の間には矢印がないので、負担を感じるほど夜中の授乳を頑張ったからといって過保護傾向になるわけでないということが分かります。この「夜中の授乳」というのは、親が一度就寝してからの時間帯に授乳することとです。安心のため乳首をしゃぶらせるだけも含むと注記し回答してもらいました。なお夜の授乳を生後一二か月以内で終えた人は62・5%、一三か月以降も続けていた人は37・5%でした。

一二か月頃になれば、離乳食は完了期に入り一日三回食となり、母乳やミルク以外から栄養が十分摂れるようになります。昼間しっかり活動し、お腹が満ちると朝までぐっすり眠るようになり母親も睡眠不足から解消されるのが一般的です。しかしながら、約四割もの人が夜中に授乳しているというのです。第一章で述べたように、乳幼児の母親への調査結果では、一歳前後で44・3％、一歳半では28・9％のお母さんが、夜中に起き授乳しているという実態が浮かび上がっています。子どもの眠りを妨げる、つまり人の生理的成長に反する育児であるにもかかわらず、これほど多くの母親たちが、自分もまた睡眠不足に陥りながらも懸命に頑張っている、ここに歪みを認めざるを得ません。

パス図で見る限りにおいては、負担に感じるほど夜中に授乳を続けても、直接子どものわがままや学校を心理的理由で欠席することに関連するわけではないことが分かります。しかし、統計の取り方を変えて心理的理由で学校を欠席した経験があるグループと無いグループで分け、その上で夜中の授乳を、一二か月を境にして続けたか否かで分けてみると、上記のような結果が出ました。くどいようですが、パス図での「夜中の授乳負担」とは異なる「授乳継続期間での区別」による考察です。

心理的理由による学校欠席有無と夜中の授乳継続

夜中の授乳	12か月まで	13か月以降も	合計
欠席なし	190（92%）	105（85%）	295
欠席あり	15（7%）	18（15%）	33
合計	205	123	328

この表を見ると、夜中の授乳を一三か月以降も続けていた群の方が、一二か月でやめていた群よりも「学校を心理的理由で欠席したことがある」という比率が高いと出ています。むろんたっ

たこれしきの標本数で何かを断言できるわけではありません。ここでは、データの提示にとどめておきたいと思います。なお既に述べたように、「学校を心理的理由で欠席したことがある」というのは、全標本数の10％四一人ですが、回答者を母親だけに絞ると四〇人、さらに夜中の授乳への回答状況などから、この比較に関する有効数では三三人という数値になっています。

先ほどのパス図にあるように、調査によって八か月頃まで抱き寝かせたり、夜中の授乳を負担に感じるほど頑張ったりという乳児期の関わり方が、『過保護傾向』や『子育て不安を背景とする過干渉傾向』『子の反抗・親の苛立ち傾向』と関係していることが分かりました。確かに、眠い目をこすり重い子を抱き揺らし、一生懸命頑張って育てた子どもが、幼稚園児になり生意気な口答えをしてきたら、苛立ちを覚えるのも分かる気がします。

ところで学校へ行きたがらない傾向に、難儀するほどのわがまま傾向や過保護傾向、また子の反抗・親の苛立ち傾向がどのような割合で影響を与えているかについて考えるため、「学校へ行きたがらない傾向」を目的変数に置き、重回帰分析・分散分析を行いました。重回帰分析とは、一つの目的変数を、別の変数で予測する分析です。例えば、生徒の学力が勉強時間やテレビの視聴時間、また娯楽に費やす時間の影響をどの程度受けているかを調べたり、宣伝広告費用と販売店の数から今話題のスマートフォンの売上高を予測することができたりと、大変便利な分析方法です。
具体的に分析ソフトにかけ、販売店の数に０・15という係数値が、また宣伝費では０・84という数値が出たと仮定しますと、売上高は次の公式で計算することができます。

売上高＝0.15×セールスマンの数＋0.84×宣伝費

この例題と同じ様に筆者の調査データを式にしてみましょう。

日本　「学校へ行きたがらない傾向」＝『わがまま難儀傾向』×0.26＋『子の反抗・親の苛立ち傾向』×0.15＋『過保護傾向』×0.11
韓国　「学校へ行きたがらない傾向」＝『わがまま難儀傾向』×0.26＋『子の反抗・親の苛立ち傾向』×0.26＋『一体感（小学生版）』×0.2＋「八か月まで抱き寝かしつけていた」×－0.18

日本の係数を見ると、『わがまま難儀傾向』が０・26と、『過保護傾向』０・11の二倍以上「学校へ行きたがらない傾向」に影響していると出ています。しかし韓国ではどの因子も同程度の影響力であること、また「八か月まで抱き寝かしつけていた」頻度と反比例して影響があることがわかります。

最後に、韓国のパス図を掲載しました。日本よりも高い相関係数値がいくつか見られますし、多くの因子が複雑に関係性を持っている構造が浮かび上がっています。また日本のパス図には出て来なかった『一体感』も関係性があると出ています。この『一体感』は、「子どものことは分かっている」「子どもは分身」「子どもは生き甲斐」「子どもが学校へ通い始めた時寂しかった」の四項目によるグループ名です。子どもへの思い入れが強い国民性が現れているといえるでしょう。

韓国（小）因子関係図（数値はピアソンの積率相関係数）

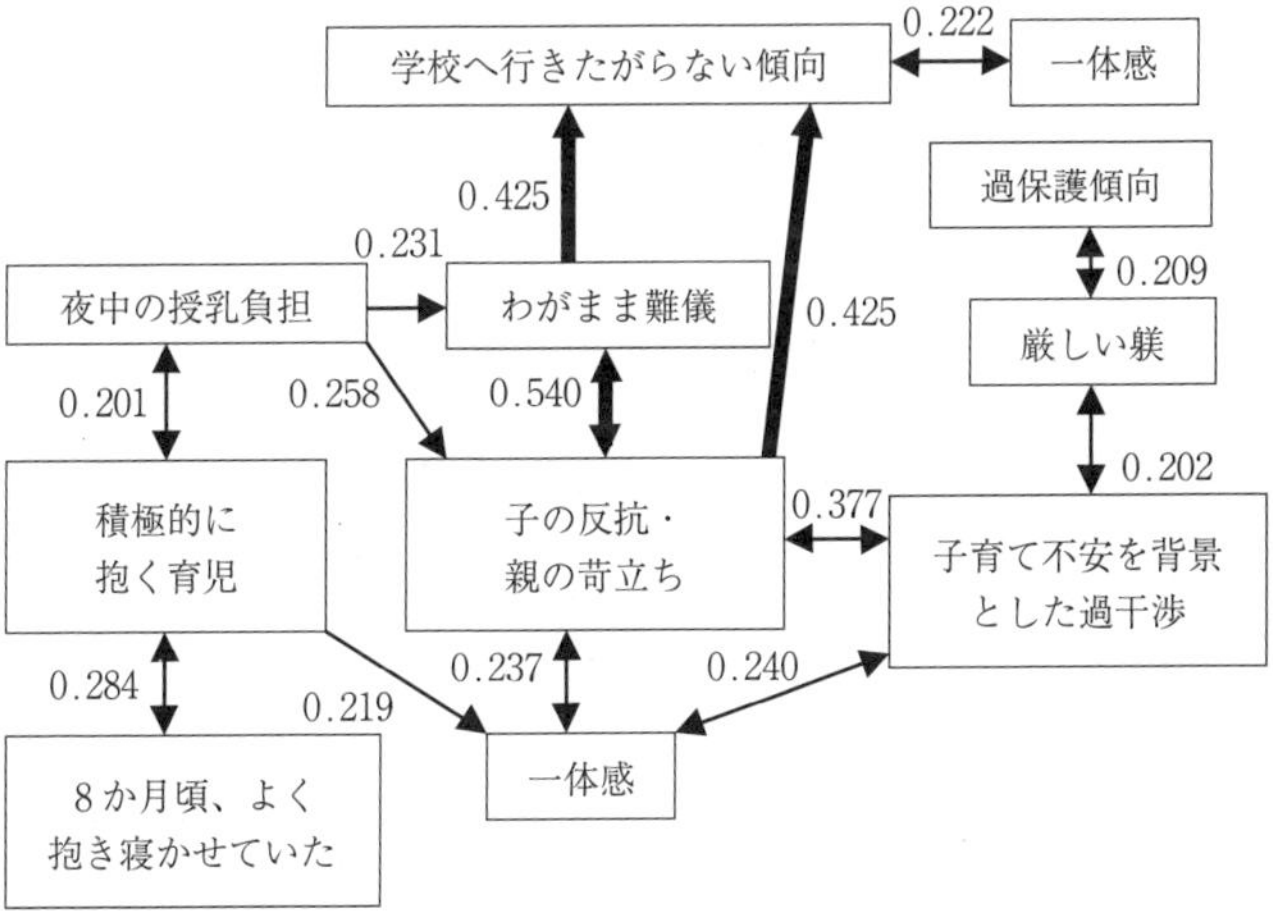

1. 乳幼児を持つ母親を対象とした通信教育機関、代表は田中喜美子。
2. 保育園。共働きのみに限らず、専業主婦家庭の子どもを保育するところもある。
3. 国立女性教育会館「家庭教育に関する国際比較調査報告書」二〇〇五年。

あとがき

二〇一一年、東日本大震災によって人の心は様々に揺さぶられました。震災に遭われた方々の苦悩は計り知れず、必死に耐え支え合っている姿に、安易な言葉掛けは憚られるほどでした。

被害を受けなかった地域では、誰もが震災で苦しむ方々に思いを馳せ、何らかの形で援助に関わりたいと願っていた一方で、風評に翻弄され、緊急性がないのにガソリンを求めて長蛇の列を作ったり、原発事故による放射能汚染を懸念し、福島産野菜などを買い控えたりする姿も見られました。これらのことから人の心がいかに脆く移ろいやすいのか、換言すれば風評の及ぼす影響がいかに強いかを、改めて知ることとなりました。

育児に関する風評もまた、母親を惑わし不安のるつぼに陥れます。そしてそれは一時吹きすぎるだけの風に終わらず、風潮を生むこともあります。しかも今は、インターネット社会です。風評が世界中に乱れ飛び、大きな潮の流れを作るのにさして時間を要しません。さらにツイッターや携帯メールでの短い表現での伝達が誤解を生む危険性も否定できません。例えばＷＨＯ・ユニセフが出した「母乳育児を成功させるための十か条」とて、その作成意図を正確に伝えず、「WHOが長期母乳育児を薦めている」という文面だと、「WHO」という冠が付くことによって「長期母乳育児」を絶対視する傾向は安易に生まれてしまいます。

育児に不安はつきものです。将来子どもの心に影響が……といわれると、必要以上に過敏になるのも分かります。まして育児経験がなければ、ちょっとしたことでネガティブにもなるでしょうし、安全路線を張り、自分を犠牲にしてでもできる限りのことをしようと頑張ってしまうことでしょう。ですが、子育ては長丁場です。子だくさんだった頃の母親たちを見習い、子どもの自立を信じ、見守り、機会を捉えて後押ししてやる。たとえ子どもが転ぼうが、多少の擦り傷をつけ痛い思いをしようが、それもまた必要な経験と考えられる。そんな大らかな構えが、めまぐるしく変化を遂げ気ぜわしい現代だからこそ必要ではないでしょうか。

そして子育てだけではなく、ひとりの人間として人生を楽しんでほしいものです。子どもは、多くの人々の目配りや手を借りながら、育つものなのですから。

最後に、様々な情報提供や時には相談にのって下さった愛すべき友人たちに、また本書の刊行を快く引き受けて下さった青簡社の大貫祥子氏に、この場を借り心より御礼を申し上げます。

熊 田 洋 子（くまた　ようこ）

1956年香川県生まれ。都留文科大学文学部を卒業後、埼玉県立高等学校で国語の教師として教鞭を執る。2008年休職し、東京学芸大学大学院、総合教育開発専攻国際理解教育コース多言語多文化教育サブコースへ入学。日本と韓国の教育や子育てについて比較研究する。2010年3月修了と同時に早期退職。著書に『母性教育の歪み　日韓比較調査をもとに』（2010、青簡舎）。

母乳指導の誤算

二〇一一年一〇月二五日　初版第一刷発行

著　者　熊田洋子
発行者　大貫祥子
発行所　株式会社青簡舎
〒一〇一-〇〇五一
東京都千代田区神田神保町二-一四
電話　〇三-五二一三-四八八一
振替　〇〇一七〇-九-四六五四五二
印刷・製本　藤原印刷株式会社

ISBN978-4-903996-46-2　C1037